Museen und Outreach
Outreach als strategisches Diversity-Instrument

Ivana Scharf, Dagmar Wunderlich, Julia Heisig

Museen und Outreach

Outreach als strategisches Diversity-Instrument

Waxmann 2018
Münster • New York

Bibliografische Informationen der Deutschen Nationalbibliothek
Die Deutsche Nationalbibliothek verzeichnet diese Publikation in der Deutschen Nationalbibliografie; detaillierte bibliografische Daten sind im Internet über http://dnb.dnb.de abrufbar.

Print-ISBN 978-3-8309-3687-9
E-Book-ISBN 978-3-8309-8687-4

Steinfurter Str. 555, 48159 Münster
www.waxmann.com
info@waxmann.com

Umschlagkonzept: Ivana Scharf, Dagmar Wunderlich, Julia Heisig
Umschlagabbildung: © Ruslan Kudrin | Dreamstime.com
Umschlaggestaltung: Pleßmann Design, Ascheberg
Lektorat: Yara Hackstein, Peter Fabian
Satz: Stoddart Satz- und Layoutservice, Münster
Druck: CPI Books GmbH, Leck

Gedruckt auf alterungsbeständigem Papier,
säurefrei gemäß ISO 9706

Printed in Germany

Vorwort

Nun ist es soweit. Outreach ist in der deutschen Museumslandschaft angekommen. Es gibt vermehrt Stellenausschreibungen, in denen nach Experten für Outreach gesucht wird. Als wir vor über zehn Jahren, 2007, anfingen, am Jüdischen Museum Berlin mit dem mobilen Bildungsprogramm „on.tour – Das JMB macht Schule" den ersten Outreach-Bereich in einem deutschen Museum aufzubauen, war der Begriff Outreach in Deutschland nahezu unbekannt. Inzwischen hat sich viel getan. Bis heute fehlte jedoch im deutschsprachigen Raum eine fundierte und umfassende Auseinandersetzung mit dem Begriff und dem Verständnis von Outreach in Form einer Publikation. Das wollen wir ändern. Im vorliegenden Buch bringen wir unsere eigenen Erfahrungen sowie unsere Expertise aus Theorie und Praxis ein. Wir freuen uns, dass das wissenschaftliche Interesse am Thema Outreach zunimmt und Abschlussarbeiten dazu verfasst werden, wie jene von Anna Scharinger mit dem Titel „Outreachansätze im Museumsbereich – Chancen und Grenzen eines mobilen Vermittlungsprogrammes", die von Ivana Scharf betreut wurde. Diese und andere Veröffentlichungen sowie weitere Praxisbeispiele stellen wir auf unserem Blog vor: www.museum-outreach.de.

Mit diesem Buch möchten wir die Entwicklung der Museen hin zu mehr Diversität in allen Organisationsbereichen inspirieren und für die praktische Umsetzung von Outreach-Strategien in der Museumsarbeit Impulse geben.

Spannend ist die Beschäftigung mit Outreach auch deshalb, weil es im Sinne eines ganzheitlichen Verständnisses aktuelle Trendthemen in der Museumswelt wie Partizipation, Inklusion, Audience Development und Diversity in sich vereint und in dieser Gesamtheit über die Einzelthemen hinausgeht.

Auch die Entstehung dieses Buches ist von Diversität geprägt. Als Sozialwissenschaftlerin, Kulturwissenschaftlerin und Historikerin haben wir unterschiedliche wissenschaftliche Perspektiven auf die Themen der Publikation, die von dieser Interdisziplinarität profitiert. Dass in diesem Buch auf die gleichzeitige Verwendung männlicher und weiblicher Sprachformen verzichtet wird, ist lediglich der besseren Lesbarkeit geschuldet. Wo es möglich war, haben wir eine vom Geschlecht unabhängige Sprachform verwendet. Wir unterstützen in jedem Fall die Gleichstellung aller Geschlechter, dazu zählen wir auch Geschlechtermodelle jenseits der Zweigeschlechtlichkeit.

Wir danken Jasmin Schemann, die uns mit dem Lesen einzelner Passagen der vorliegenden Publikation unterstützt hat. Ganz herzlich danken wir Yara Hackstein für das Lektorat des Buches und ihren genauen Blick auf sprachliche Feinheiten. Peter Fabian gilt unser Dank für seinen analytischen Fokus sowie für die Hinweise auf Möglichkeiten, Sachverhalte auf den Punkt zu bringen.

Ein besonderes Dankeschön geht an unsere engagierten Interviewpartner, die in der Praxis den Outreach-Gedanken leben: Mustafa Akça, Peter Gorgels, Sarah Hiron, Sebastian König, Franziska Mucha und Jakob Parby.

Inhalt

1. Bedeutung von Outreach für Museen

In den vergangenen Jahren ist die Bedeutung von Outreach in dem Maße gestiegen, wie Museen erkannt haben, dass es gilt, andere Methoden und Wege zu finden, um ein diverseres Publikum anzusprechen und zu beteiligen. Wie gelingt es ihnen heute, in einer Zeit, in der Themen wie Diversität und gesellschaftliche Teilhabe zunehmend virulenter werden, ihre Sammlungen für weitere Bevölkerungskreise zu öffnen und relevant zu machen? Was kann ein geeignetes Instrument zur Umsetzung eines Diversitätsentwicklungsprozesses sein?

Um neue, bisher museumsdistanzierte Besucher zu erreichen, erfordert es eine aktive, zielgerichtete Ansprache der Bevölkerung mit neuen Formaten und Konzepten, die in einer Outreach-Strategie zum Ausdruck kommen. Hier liegen die Stärken von Outreach als strategischem Diversity-Instrument. Diese Stärken zu zeigen, ist das Ziel dieses Buches. Die vorliegende Publikation wird deutlich machen, dass Outreach als Instrument ein Lösungsansatz sein kann, wenn es um die Frage der Öffnung der Institution mit dem Ziel der Diversifizierung in allen relevanten Organisationsbereichen Publikum, Personal und Programm geht.

Mittlerweile ist Outreach in zahlreichen Museen weltweit etabliert. Es gibt Outreach-Manager, Outreach-Kuratoren sowie Outreach-Abteilungen, und Outreach ist als fester Bestandteil der Museumsarbeit mit verschiedenen Strategien und Ansätzen verankert. Mit Outreach geht das Museum in die sozialräumlichen Strukturen und Lebenswelten unterschiedlicher Bevölkerungsgruppen mit variablen inklusiven Angebotsstrukturen hinein. Damit erwirbt das Museum die Kompetenz, Beziehungen auf Augenhöhe auch zum nichtwissenschaftlichen Umfeld aufzubauen und die Chance, im Kontakt mit neuen Besuchergruppen ihre überlieferte Dingwelt zu aktualisieren. Diese Arbeit in neuen Netzwerkstrukturen und der Aufbau von Partnerschaften führt langfristig zur Etablierung von kollaborativen Prozessen, in denen die Relevanz von Museen wechselseitig neu definiert wird. Mit einer Outreach-Strategie kann das Museum gezielt mit individuell entwickelten Programmen auf eine Diversifizierung der Besucherschaft und auf die Veränderung der Organisationskultur im Museum hinwirken. In diesen Kulturwandelprozess wird idealerweise die gesamte Organisation einbezogen.

Dieses Potenzial von Outreach, bisher ausgeschlossene Besuchergruppen für Museen zu erschließen, wird in Deutschland häufig noch nicht ausgeschöpft. Zum Beispiel, wenn Outreach im Sinne aufsuchender Kulturarbeit nur als praktische Notwendigkeit gesehen wird, um ältere und weniger mobile Personen mit Museumskoffern zu erreichen, so dass „das Museum auch schon mal nach ‚draußen' geht." (Kunz-Ott 2012/2013). Eine weitere Betrachtungsweise als „indirekte Kulturvermittlung" besteht, wenn „Kulturveranstaltungen ‚outreach' an öffentlichen oder touristisch attraktiven Orten gezeigt werden" (Mandel 2014).

Oder Outreach wird lediglich als Marketinginstrument verstanden, um auf das Museum aufmerksam zu machen (vgl. Mandel 2009: 82).

Da das Begriffsverständnis in Deutschland nicht einheitlich und nur auf wenige Aspekte fokussiert ist, wird deutlich, dass eine umfassende Definition bislang fehlt. Diese Lücke schließt diese Publikation.

Im einleitenden Kapitel dieses Buches erfolgt eine definitiorische Annäherung an den Begriff Outreach und die Einführung einer von den Autorinnen erarbeiteten Definitionsmatrix. Zu diesem Kapitel gehört ebenfalls die Diskussion von Outreach im Kontext von Audience Development, Sozialer Inklusion und Partizipation – Begriffe, mit denen zwischenzeitlich im Kulturbereich wie selbstverständlich umgegangen wird.

Dieses Buch richtet den Blick auf staatlich geförderte Museen, die – gebunden an öffentliche Fördergelder – einem gesellschaftlichen Auftrag nachkommen und an die somit eine dementsprechende Erwartungshaltung in Bezug auf dessen Erfüllung existiert. In diesem Zusammenhang rückt der Begriff Diversity in den Fokus: Welche rechtlichen Grundlagen in Bezug auf Diversity bestehen für Museen? Wie wird Diversity definiert und welche Aussagen können derzeit anhand von Publikumsforschung über die Diversität der Besucherschaft getroffen werden? Bildet sich Diversity überhaupt im Publikum der Museen ab? Daher ist eine umfassende Analyse des Museumspublikums und allgemein des Kulturpublikums in Deutschland – und als Ausblick auch in den USA sowie Großbritannien – Teil des Kapitels.

Anschließend werden die historische Entwicklung von Outreach in Museen sowie verschiedene Outreach-Formate dargestellt. Dabei wird einleitend auf die Entwicklungen in anderen Ländern, vornehmlich in den USA und Großbritannien, eingegangen, da hier eine langjährige Entwicklung von Outreach nachvollzogen werden kann. Seit Jahrzehnten wird hier viel selbstverständlicher von Outreach gesprochen. Die Fragestellungen und Herausforderungen in Bezug auf Diversity in diesen Ländern ähneln denen in Deutschland, auch wenn die gesellschafts- und kulturpolitischen sowie die institutionellen Voraussetzungen nicht vergleichbar sind. Den Autorinnen ist bewusst, dass eine weitergehende Forschung die Perspektive von der rein anglo-amerikanischen und eurozentristischen Sichtweise in Zukunft hin zu einer internationalen Betrachtungsweise erweitern sollte.

Aus den Erkenntnissen der Auseinandersetzung mit der historischen Entwicklung von Outreach und den unterschiedlichen Outreach-Formaten, haben die Autorinnen drei Outreach-Kategorien festgelegt: School-Outreach, Community-Outreach und Digital-Outreach. Diesen Kategorien lassen sich alle in diesem Buch vorgestellten Beispiele aus der Outreach-Praxis zuordnen.

Es werden insgesamt fünf Praxisbeispiele aus dem internationalen und nationalen Museumsbereich vorgestellt. In Deutschland war das Jüdische Museum Berlin mit der mobilen Ausstellung „on.tour – Das JMB macht Schule" erstmals 2007 unterwegs und hat in Folge dessen die erste Outreach-Abteilung an einem deutschen Museum etabliert (vgl. Scharf 2010). Das Historische Museum Frankfurt entwickelte 2010 das Format „Stadtlabor unterwegs", das in jährlichen interaktiven Formaten die Erfahrungen, Meinungen und Ansichten der Frankfurter Bürger in Form von Geschichten, Bildern, Tönen und Exponaten einsammelt. In Großbritannien wurde bereits 1990 das „Open Museum" als Outreach-Bereich der Glasgow Museums gegründet. In diesem Museumsverbund wird deutlich, was es bewirken kann, wenn Outreach als Haltung in den Institutionen gelebt wird. Das Ergebnis sind gut besuchte und lebendige Museen, mit bunt durchmischter Besucherschaft (Wunderlich 2011). Das Museum der Stadt Kopenhagen hat mit seiner digitalen „Wall" weltweit Aufsehen erregt und das Rijksmuseum wartet mit einer umfassenden Outreach-Strategie im digitalen Bereich auf.

Neben den Beispielen aus der Museumspraxis zeigen zwei Programme aus den Bereichen Oper und klassische Musik, dass Outreach bereits in verschiedensten Formen und Formaten angewandt wird – eine Inspirationsquelle auch für Museen.

Im abschließenden Kapitel werden die Stärken einer konsequenten Outreach-Strategie erläutert und es wird dargestellt, was dafür erforderlich ist. Kern bilden die Erläuterung von Grundlagen und konkrete Handlungsempfehlungen zur Planung und Umsetzung einer Outreach-Strategie sowie Empfehlungen für kulturpolitische Rahmenbedingungen. Diese wurden von den Autorinnen auf Basis ihrer eigenen Erfahrungen beim Aufbau der ersten Outreach-Abteilung in einem deutschen Museum sowie durch den Austausch mit unterschiedlichen Akteuren im In- und Ausland und die im Rahmen dieser Publikation geführten Experteninterviews entwickelt.

1.1 Definitionen von Outreach

In Deutschland existiert bislang keine allgemeingültige Definition von Outreach. Vor allem im angloamerikanischen Raum mit einer langen Outreach-Tradition im sozialen, wissenschaftlichen, religiösen und kulturellen Bereich lassen sich verschiedene Definitionen und Kategorisierungsansätze finden.

Das Oxford Living Dictionary, die Online-Version des klassischen englischen Wörterbuches der Oxford Universität beschreibt Outreach als „An organization's involvement with or influence in the community, especially in the context of religion or social welfare" (Oxford Living Dictionary 2017).

Die bislang umfassendste Definition für Outreach im Museumskontext wurde im Rahmen eines zweijährigen, von der Europäischen Union geförderten Forschungs- und Entwicklungsprojektes entwickelt. Das in diesem Kontext entstandene „Lifelong Learning in Museums"-Handbuch beschreibt Outreach wie folgt: „Outreach is the term most often used to describe making contact with groups that do not routinely visit museums and galleries, because of economic status, social exclusion, lack of confidence, educational and institutional barriers or general alienation from museums as relevant cultural institutions. The implication of making cultural rights a central part of how you think about what you do, is that provision should be made available to a much wider and more diverse audience of visitors than currently participate in what museums and galleries have to offer" (Gibbs et al. 2007: 54).

Im Rahmen des Forschungsprojektes entstand eine Kategorisierung von Outreach in Museen, die folgende Varianten von Outreach unterscheidet: „Satellite – establishing exhibitions and learning activities in fixed community locations. Peripatetic – delivering museum activities in various organisational settings such as hostels, day centres, homes for the elderly, hospitals, prisons. Detached outreach – contacting people outside of organisational settings e.g. in streets, shopping centres, bars, at the school gates. Domiciliary outreach – visiting people in their own homes. Distance learning – providing on-line services for people in rural and isolated locations or who are house-bound because of physical impairments or disabilities" (ebd.).

In Großbritannien wurde im Rahmen der jährlichen Erhebungen der Performance Indicators für die vom Department for Digital, Culture, Media and Sport (DCMS) finanzierten Museen und Galerien eine Kategorisierung von Outreach entwickelt. Das DCMS unterscheidet in seinen Erhebungen der Performance Indicators zwei Formen von Outreach: Zum einen beschreibt „targeted and tailored outreach" Maßnahmen, die für eine bekannte, aber unterrepräsentierte Zielgruppe entwickelt werden und eine definierte Zielvorgabe haben. Die zweite Form beschreibt eine stärker marketingorientierte Variante mit weniger genau definierten Zielvorgaben. Die Ziele dieses „broadly-aimed outreach" bestehen darin, auf das Museum aufmerksam zu machen und Menschen zu einem zukünftigen Besuch zu motivieren (DCMS 2008: 12).

Über die oben angeführten Definitionen und Kategorisierungen hinaus hat das englische Wort Outreach mehrere Bedeutungsebenen. Als Verb bedeutet „to outreach" hinausreichen, übertreffen oder überwinden. Als Nomen bedeutet „outreach" Reichweite und das Zugänglichmachen von Informationen oder Dienstleistungen an Personen, die andernfalls ausgeschlossen sein könnten. Aus der Verbindung dieser Bedeutungsebenen entsteht der Begriff Outreach, der nicht einfach ins Deutsche übersetzt werden kann. Die Verwendung des Begriffs in Deutschland erfolgt derzeit – je nachdem in welche Richtung das Verständnis tendiert – als Marketinginstrument oder als aufsuchende Kulturarbeit. Jedoch sind beide Aspekte nicht voneinander zu trennen und Outreach ist ganzheitlich zu verstehen. Outreach beschreibt wie in der oben angeführten Definition aus dem Handbuch „Lifelong Learning in Museums. A European Handbook" auch eine bestimmte Organisationskultur im Umgang mit neuen, bisher ausgeschlossenen

Besuchergruppen. Immer häufiger wird Outreach in Zusammenhang mit der Erhöhung von Zugangschancen als Konzept gegen soziale Ausgrenzung und Benachteiligung gesehen sowie als Initiierungstool von Change-Management-Prozessen. Die eigene Praxiserfahrung, Auswertung von Praxisbeispielen sowie die Literaturrecherche bestätigen die Erkenntnis, dass Outreach nur dann eine strukturelle Veränderung der Diversität im Museumspublikum bewirken kann, wenn Outreach als wechselseitiger und organisationsentwickelnder Prozess verstanden wird. Daher haben die Autorinnen die erste von Scharf 2010 veröffentlichte Definition im Hinblick auf diesen Aspekt weiterentwickelt (s. Matrix Tabelle 1). Aus Sicht der Autorinnen heißt es daher:

> „Outreach ist ein systematischer Prozess, bei dem die Kulturinstitution strategische Maßnahmen abteilungsübergreifend plant, durchführt und evaluiert, um Gesellschaftsgruppen einzubeziehen, die das Kulturangebot aus unterschiedlichen Gründen nicht eigeninitiativ wahrnehmen. Dieser Prozess bewirkt eine Veränderung in der Haltung der Institution, der Diversität des Personals, ihrer Programmgestaltung und Kommunikation. Ziel ist eine diversere, die Gesellschaft widerspiegelnde Besucherschaft" (Scharf/Wunderlich/Heisig 2017).

Outreach ist – damit sind die Autorinnen mit ihrer Erfahrung nicht allein – immer dann langfristig erfolgreich, wenn dadurch Veränderungsprozesse innerhalb der Organisation bewirkt werden. Diese Sichtweise deckt sich mit der Aussage von Kamel, „vom Outreach zum Inreach" (Kamel 2013: 92). Demnach müssen die Museen sich selbst „als Institution zum Spiegel- und Reflexionsbild der Gesellschaft erklären" (ebd.: 96). Sie bezieht sich dabei auf einen Diversitätsbegriff, der im Kapitel „Diversity im Museum" vorgestellt, eine größere Binnendifferenzierung des Begriffs beinhaltet. Die folgende Matrix stellt die verschiedenen Funktionen von Outreach in Museen anhand bestehender Definitionen dar.

Tabelle 1: Matrix der Funktionen von Outreach

Outreach als Marketinginstrument von Museen	Outreach als aufsuchende Kulturarbeit der Museen	Outreach als Instrument zur Organisationsentwicklung
„Um eine breitere Öffentlichkeit auf sich aufmerksam zu machen, kann es sinnvoll sein, außerhalb des eigenen Hauses nicht nur in Form von Flyern und Plakaten, sondern mit Kulturangeboten präsent zu sein" (Mandel 2009: 82).	„Ebenfalls in den Museen der USA wurde der **‚outreach'**-Gedanke entwickelt. Er umfasst verschiedene Maßnahmen, durch die ein Museum einem einzelnen Bürger oder auch der Bevölkerung eines ganzen Stadtteils näher gebracht und es in die jeweilige Lebenswirklichkeit integriert wird. Dies ist unter anderem durch die gezielte Zusammenarbeit mit Schulen und Gruppen aller Art, Museumsbusse, Museumskoffer und kleine, leicht montierbare Wanderausstellungen zu erreichen" (Waidacher 1999: 117).	„Extension' refers to the programmes museums offer outside the museum building to their traditional audiences, while ‚outreach' refers to museum activities that are designed for new or non-traditional audiences, whether offered in the museum or another location" (Lord/ Lord 1997: 119).
	„Basically museum outreach is a process that 'involves going out from a specific organization or centre to work in other locations with sets of people who typically do not or cannot avail themselves of the services of that centre." (Golding 2006: 4)	„Outreach is the term most often used to describe making contact with groups that do not routinely visit museums and galleries, because of economic status, social exclusion, lack of confidence, educational and institutional barriers or general alienation from museums as relevant cultural institutions. The implication of making cultural rights a central part of how you think about what you do, is that provision should be made available to a much wider and more diverse audience of visitors than currently participate in what museums and galleries have to offer" (Gibbs et al. 2007: 54).
	„Outreach: A systematic attempt to provide services beyond conventional limits, as to particular segments of a community" (Dolan 2008: 1).	„Outreach ist ein systematischer Prozess, bei dem die Kulturinstitution strategische Maßnahmen abteilungsübergreifend plant, durchführt und evaluiert, um Gesellschaftsgruppen einzubeziehen, die das Kulturangebot aus unterschiedlichen Gründen nicht eigeninitiativ wahrnehmen. Dieser Prozess bewirkt eine Veränderung in der Haltung der Institution, der Diversität des Personals, ihrer Programmgestaltung und Kommunikation. Ziel ist eine diversere, die Gesellschaft widerspiegelnde Besucherschaft" (Scharf/Wunderlich/Heisig 2017).

Outreach als Marketinginstrument von Museen	Outreach als aufsuchende Kulturarbeit der Museen	Outreach als Instrument zur Organisationsentwicklung
	„Outreach kann als eine mögliche Strategie beschrieben werden, mit der proaktiv und systematisch Museumsinhalte außerhalb des Museums vermittelt und neue Besucher angesprochen werden, um perspektivisch die Bereitschaft für einen Museumsbesuch zu erhöhen" (Scharf 2010).	

1.2 Outreach im Kontext von Audience Development, Sozialer Inklusion und Partizipation

Outreach bewegt sich im Kontext von drei Strategien, integriert Elemente von diesen und geht daher in der Gesamtheit über sie hinaus: Audience Development, Partizipation und soziale Inklusion.

Abbildung 1: Outreach im Kontext von Audience Development, Partizipation und Sozialer Inklusion

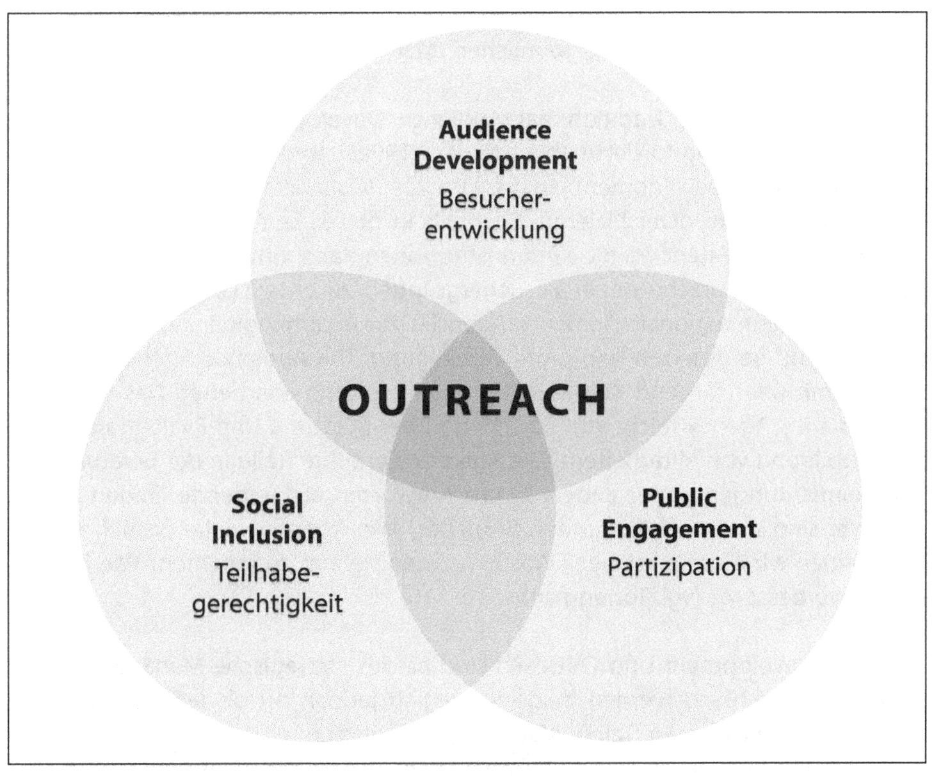

1.2.1 Audience Development

Audience Development ist die bislang im deutschsprachigen Raum am besten dokumentierte, wissenschaftlich untersuchte und praktisch angewandte Methode. Sie wurde in den USA zur Gewinnung neuer Publika entwickelt und in vielen Kultureinrichtungen implementiert.

Donna Walker-Kuhne definiert Audience Development wie folgt:

> „I define Audience Development as the cultivation and growth of long-term relationships, firmly rooted in a philosophical foundation that embraces the distinctions of race, age, sexual orientation, physical disability, geography and class. Audience Development is the process of engaging, educating and motivating diverse communities to participate in a creative, entertaining experience as an important partner in the design and execution of the arts" (Walker-Kuhne 2005: 10).

Im deutschsprachigen Raum wird Audience Development im wissenschaftlichen Kontext seit circa zehn Jahren rezipiert und weiterentwickelt (vgl. Mandel 2008 bis Mandel 2016). So wurde 2013 eine erste Studie zum Thema „Interkulturelles Audience Development" durchgeführt. Ziel war es, Strategien zur Ansprache und Gewinnung neuer Besucher aus „nicht kunstaffinen Bevölkerungsgruppen" zu identifizieren und transferfähig zu machen (Mandel 2015/16: 394).

Eine deutlich längere Tradition hat Audience Development in Großbritannien. Die Labour-Regierung förderte ab Ende der 1990er Jahre diverse Programme mit einem Audience Development Fokus, um die Besucherschaft öffentlicher Kultureinrichtungen zu diversifizieren. Ebenfalls in dieser Zeit gründeten sich sogenannte Audience Agencies, die Kulturinstitutionen dabei unterstützten, innovative Konzepte zur Ansprache neuer Besuchergruppen zu entwickeln. 2012 fusionierten verschiedene regionale Audience Agencies zur unabhängigen, vom Arts Council of England geförderten non-profit Vereinigung „The Audience Agency", die landesweit mit über tausend Kultureinrichtungen zusammenarbeitet. Das Spektrum der Audience Agency reicht von Forschung über Beratung und Evaluation bis hin zur Fortbildung von Mitarbeitern. Die Agentur sieht ihre Rolle in der Beratung von Kultureinrichtungen, unter anderem, um Antworten auf folgende Fragen zu finden: Wer sind unsere bestehenden Besucher? Wer könnten neue Besucher sein? Wie können wir diese erreichen? Was bräuchten sie, um zu kommen? Wie können wir uns verbessern? (vgl. Torreggiani 2016: 116).

Audience Development und Outreach sind beides strategische Management-Ansätze. In Deutschland werden beide Strategien jedoch oft als lediglich pädagogische Programme oder reine Marketingmaßnahmen umgesetzt und wahrgenommen. Ein gemeinsames Ziel beider Ansätze ist die Gewinnung neuer, bisher unterrepräsentierter Zielgruppen für Kultureinrichtungen durch systematische und zielgruppengerechte Ansprache von Noch-Nicht-Besuchern: „Audience Development bezeichnet die Generierung und Bindung neuen Publikums für Kultureinrichtungen in der strategischen Kombination von Kulturnutzerforschung, Marketing, PR und Kulturvermittlung. Audience Development beinhaltet, sich um bestimmte neue Nutzergruppen explizit zu bemühen und zu vermitteln: Ihr seid herzlich eingeladen" (Mandel 2013: 14).

Im Gegensatz zu Outreach geht es bei Audience Development jedoch nicht primär um die programmatisch-inhaltliche Öffnung einer Institution für bisher von der Teilhabe am kulturellen Leben ausgeschlossene Zielgruppen. Im oben erwähnten Zitat wird dies deutlich durch die Wahl der Mittel in der strategischen Kombination Kulturnutzerforschung, Marketing, PR und Kulturvermittlung. Eine programmatische Veränderung der zu vermarktenden und zu vermittelnden Inhalte der Institution ist nicht intendiert.

Im neueren Diskurs um Audience Development rückt dieser Faktor jedoch immer stärker in den Fokus. Die bereits vorgestellte britische Audience Agency definiert Audience Development als „organisational process that puts the needs of a range of audiences at the centre of planning. It involves programming, participation, education and marketing" (Torreggiani 2016: 116).

Auch im deutschsprachigen Raum verändert sich das Verständnis von Audience Development zunehmend. Eine zentrale Erkenntnis der schon erwähnten Studie zu interkulturellem Audience Development war, „dass die Zielsetzung anders formuliert werden muss. Nicht, wie erreicht man mehr Publikum mit Migrationshintergrund, sondern wie können Kulturinstitutionen sich verändern, um eine veränderte Bevölkerung stärker zu repräsentieren [...]" (Mandel 2015/16: 394).

Die Einbeziehung der neu zu gewinnenden Zielgruppen in die Programmgestaltung ist bei Outreach deutlich höher. Kurz gefasst: Outreach ist Involvieren und Audience Development ist Adressieren. Die im historischen Teil dieser Publikation dargestellte Tradition von Outreach kann bis an die Anfänge des 20. Jahrhunderts zurückverfolgt werden. Outreach im heutigen Sinne wurde im Kontext der Bürgerrechtsbewegung in den USA ab den 1960er Jahren in vielen Museen als Methodik der Ansprache bislang unterrepräsentierter Bevölkerungsgruppen implementiert: „The most common solution were ‚outreach' programs that sought to educate in a rather different sense of the term, the ‚other Americans' where they were – in community centers, on the streets, in churches, and in ghetto schools" (Newsom/Silver 1978: 16). Es ist davon auszugehen, dass die Autoren heute eine diversitätssensiblere Formulierung wählen würden.

Zentraler Unterschied zwischen Audience Development und Outreach ist die Zielsetzung der Reichweite. Eines der wichtigsten Ziele von Outreach ist es, die Reichweite der Kultureinrichtung und ihres Bildungsauftrages zu erhöhen, auch wenn dadurch nicht zwangsläufig die Besucherzahlen vor Ort steigen. Denn der Besuch einer Schule durch ein mobiles Museum in einer ländlichen Region muss nicht zwangsläufig zu einem Gegenbesuch der Schüler in dem weit entfernten Museum führen. Dennoch werden Zielgruppen erreicht, die sonst nicht den Weg ins Museum gefunden hätten. In diesem Beispiel kann demnach von Outreach jedoch nicht von Audience Development gesprochen werden.

1.2.2 Soziale Inklusion

Soziale Inklusion ist ein zentraler Begriff in der New Museology (vgl. Sandell 2007, Hooper-Greenhill 1997, u.a.). Der Terminus Inklusion ist heute jedoch vornehmlich auf den Bereich der Einbeziehung von Menschen mit körperlichen oder geistigen Beeinträchtigungen fixiert und ist in der Museumsdiskussion allgegenwärtig. Wird das Antonym von sozialer Inklusion, also der Begriff soziale Ausgrenzung verwendet, evoziert dies beispielsweise Bilder von Obdachlosen. Die Abwehrreaktion, das Museum könne sich nicht um alle sozialen Probleme der Gesellschaft kümmern, ist eine mögliche Folge. Wird der Begriff der sozialen Exklusion jedoch sachlich betrachtet, umschreibt er den Ausschluss bestimmter Gruppen aus der Mehrheitsgesellschaft. Das können bestimmte Jugendgruppen, Menschen mit unterschiedlichen Bildungshintergründen oder ältere Menschen sein, egal ob in einem urbanen Umfeld oder im ländlichen Raum. Wenn man Museen als Institutionen sieht, in denen der Diskurs zu führen ist, wie die Gesellschaft von heute und morgen aussehen soll, dann muss es Aufgabe der Museen sein, diesem Ausschluss entgegenzuwirken. Outreach dient hierbei als Instrument der Organisationsentwicklung, mit der das Museum seine gesellschaftliche Rolle definieren und in all seinen Tätigkeitsfeldern diverser werden kann. Dabei liegen die Herausforderung und der Anspruch bei der Umsetzung der Outreach-Strategie ganz explizit auf dem Aspekt der sozialen Einbeziehung.

Richard Sandell und Jocelyn Dodd sehen das Potenzial von Outreach in diesem Zusammenhang in zwei Bereichen: Erstens die Schwellen abzubauen, die von einem Museumsbesuch abhalten und zweitens – der umstrittenere Ansatz – die gesellschaftlichen Probleme anzugehen, von denen die sozial ausgegrenzten Gruppen betroffen sind, wie etwa Obdachlosigkeit, Kriminalität und Arbeitslosigkeit (vgl. Sandell/Dodd 1999). Dies setzt den Willen einer Zusammenarbeit mit verschiedenen sozialräumlichen Partnern voraus, die Zugang zu den verschiedenen Anspruchsgruppen haben. Sei es durch den Aufbau von Kooperationen oder durch die Schaffung eigener personeller Ressourcen. Diese Mitarbeiter müssen eine hohe persönliche Motivation zur Steigerung der Diversität in der Institution mitbringen und als Übersetzer zwischen verschiedenen Anspruchsgruppen und dem Museum vermitteln können.

Wenn Museen mithilfe von Outreach soziale Inklusion unterstützen wollen, müssen sie vorher eindeutige Ziele definieren, die gesellschaftlichen Gruppen benennen und deren Bedürfnisse kennen. Vor allem müssen die Museen bereit sein, kooperativ zu wirken, in Zusammenarbeit mit den sozialräumlichen Partnern, die den Zugang zu den verschiedenen Anspruchsgruppen haben und sie in bestimmten Situationen auch vertreten können, wenn diese selbst noch nicht dazu bereit sind. Dabei muss klar sein, dass diese Partnerschaften zum einen den Zugang zu neuen Ressourcen wie Fähigkeiten, Wissen, Erfahrung, Kontakte und finanzielle Unterstützung bieten können, aber genauso personelle Ressourcen im Museum binden, die zum einen qualifiziert sein und zum anderen zur Verfügung stehen müssen. Nicht zuletzt muss im Museum auch Risikobereitschaft und der Mut zum Experiment mit der Möglichkeit des Scheiterns – vor dem Hintergrund des Scheiterns als Chance – vorhanden sein, denn soziale Inklusion ist für viele deutsche Museen noch Neuland.

1.2.3 Partizipation

Outreach ohne Partizipation ist kein Outreach. Doch wie genau ist der Partizipationsbegriff im Zusammenhang mit Outreach zu verstehen? Es ist zu beobachten, dass es in der Museumspraxis grundlegend verschiedene Auffassungen von dem gibt, was partizipativ genannt wird. Im Gegensatz zum Englischen, Französischen und auch Italienischem gehört das Wort Partizipation im Deutschen nicht zum alltäglichen Sprachgebrauch. Es ist der Wissenschaft und Politik vorbehalten. So bleibt Raum für viele verschiedene Interpretationen. Der Duden sagt: „Teilhabe". Als Teilhabender kann ich jedoch sowohl passiver Rezipient als auch wirklicher Akteur sein (vgl. hierzu Piontek 2012: 221f.). Es gibt verschiedene Vertiefungsebenen von Partizipation im musealen Kontext: eine Ausstellungseinheit, bei der auf einen Knopf gedrückt wird und es passiert etwas, wird genauso partizipativ genannt wie eine von verschiedenen Anspruchsgruppen in einem gemeinsamen Prozess entwickelte und gestaltete Ausstellung. Doch das aktive Mitgestalten von außen muss ein Museum zulassen: „I define a participatory cultural institution as a place where visitors can create, share, and connect with each other around content" (Simon 2010: ii). Laut Nina Simon können Besucher einer partizipativen Kulturinstitution eigene Ideen und Objekte einbringen, darüber diskutieren und sich mit anderen, die dieselben Interessen teilen, vernetzen. Das alles geschieht um die Inhalte herum, für die die Institution steht. Simon unterscheidet verschiedene Intensitäten der Partizipation in vier Stufen (s. ebd.: 190): Bei einem „contributory project", dessen Ablauf allein vom Museum bestimmt wird, kann die Besucherschaft Objekte und Ideen einbringen, bei einem „collaborative project" als aktiver Partner und bei einem „co-creative project" schließlich von vornherein als gleichberechtigter Partner die Ziele des Projektes mitbestimmen und umsetzen. Bei einem „hosted project" stellt das Museum räumliche oder andere Ressourcen für ein extern entwickeltes Projekt zur Verfügung. Auch Carmen Mörsch nimmt eine vierstufige Einteilung vor, und zwar bei den Formen der Vermittlung: Bei der affirmativen Kunstvermittlung wird der Inhalt des Museums einer Fachöffentlichkeit von „autorisierten Sprechern" der Institution nach außen hin kommuniziert. Beim zweiten, dem reproduktiven Diskurs, soll die Vermittlung das zukünftige Publikum des Museums heranbilden. In der dritten, der dekonstruktiven Stufe, wird das

Museum als gesellschaftliche „Distinktions-, Exklusions- und Wahrheitsmaschine" (Mörsch 2009: 10) zusammen mit dem Publikum kritisch hinterfragt. Im vierten, dem transformativen Diskurs, führt die Kunstvermittlung durch Mitgestaltung der verschiedenen gesellschaftlichen Gruppen Museen an das lokale Umfeld heran. Nur transformative Kunstvermittlung ist laut Mörsch Partizipation im eigentlichen Sinne. Es ist also genau zu hinterfragen, ob hinter Partizipation in der Museumspraxis nicht oft nur Interaktion und keine wirkliche Beteiligung steht (vgl. hierzu Sternfeld 2012: 119ff.). Mit dem Einsatz von Outreach als strategischem Diversity-Instrument mit dem Ziel einer veränderten Organisationskultur betreibt das Museum nicht nur eine kollaborative, co-kreative Partizipation im Sinne transformativer Vermittlung, und strebt dabei nicht nur den Lebensweltbezug der Öffentlichkeiten an, sondern geht selbst hinein in die Lebenswelt der verschiedenen gesellschaftlichen Gruppen.

1.3 Diversity im Museum

1.3.1 Rechtliche Grundlagen

Gesellschaftspolitische Relevanz bekam der Diversity-Ansatz im Zuge der US-amerikanischen Bürgerrechtsbewegung ab den 1950er Jahren und mündete 1964 in ein Antidiskriminierungsgesetz. Das Gesetz untersagte Diskriminierungen aufgrund von Rasse, Hautfarbe, Geschlecht, Religion und Herkunft in jedem staatlich finanzierten Programm. Später kamen die Merkmale Alter und Behinderung hinzu (vgl. National Archives 1964).

In der Europäischen Union sind die entsprechenden gesetzlichen Regelungen 1999 in Artikel 13 des Vertrags von Amsterdam getroffen worden.

> Unbeschadet der sonstigen Bestimmungen dieses Vertrags kann der Rat im Rahmen der durch den Vertrag auf die Gemeinschaft übertragenen Zuständigkeiten auf Vorschlag der Kommission und nach Anhörung des Europäischen Parlaments einstimmig geeignete Vorkehrungen treffen, um Diskriminierungen aus Gründen des Geschlechts, der Rasse, der ethnischen Herkunft, der Religion oder der Weltanschauung, einer Behinderung, des Alters oder der sexuellen Ausrichtung zu bekämpfen. (Art. 1 13 EG)

Der Artikel bildete die Grundlage für weitere Gleichbehandlungsrichtlinien und die Entwicklung von Anti-Diskriminierungsgesetzen in den Mitgliedsstaaten.

In Deutschland ist seit 1949 in Artikel 3 des Grundgesetzes die Anerkennung von Diversität verankert.

> Niemand darf wegen seines Geschlechtes, seiner Abstammung, seiner Rasse, seiner Sprache, seiner Heimat und Herkunft, seines Glaubens, seiner religiösen oder politischen Anschauungen benachteiligt oder bevorzugt werden. Niemand darf wegen seiner Behinderung benachteiligt werden. (Art. 3 Abs. 3 GG)

2006 trat auf Basis der Verpflichtung in den europäischen Verträgen das Allgemeine Gleichbehandlungsgesetz (AGG) in Kraft.

> Ziel des Gesetzes ist, Benachteiligungen aus Gründen der Rasse oder wegen der ethnischen Herkunft, des Geschlechts, der Religion oder Weltanschauung, einer Behinderung, des Alters oder der sexuellen Identität zu verhindern oder zu beseitigen. (Art. 1 AGG §1)

Relevanz für die Museen haben die in Paragraph zwei aufgeführten Anwendungsbereiche in Bezug auf das Personal sowie auf die Besucher. Mit Blick auf eine diversere Besucherschaft soll etwa der Zugang zu Bildung sowie zu Gütern und Dienstleistungen, die der Öffentlichkeit zur Verfügung stehen, ermöglicht werden (vgl. Art. 2 AGG).

> § 2 Anwendungsbereich
>
> (1) Benachteiligungen aus einem in § 1 genannten Grund sind nach Maßgabe dieses Gesetzes unzulässig in Bezug auf:
> 1. die Bedingungen, einschließlich Auswahlkriterien und Einstellungsbedingungen, für den Zugang zu unselbstständiger und selbstständiger Erwerbstätigkeit, unabhängig von Tätigkeitsfeld und beruflicher Position, sowie für den beruflichen Aufstieg,
> 2. die Beschäftigungs- und Arbeitsbedingungen einschließlich Arbeitsentgelt und Entlassungsbedingungen, insbesondere in individual- und kollektivrechtlichen Vereinbarungen und Maßnahmen bei der Durchführung und Beendigung eines Beschäftigungsverhältnisses sowie beim beruflichen Aufstieg,
> 3. den Zugang zu allen Formen und allen Ebenen der Berufsberatung, der Berufsbildung einschließlich der Berufsausbildung, der beruflichen Weiterbildung und der Umschulung sowie der praktischen Berufserfahrung,
> 4. die Mitgliedschaft und Mitwirkung in einer Beschäftigten- oder Arbeitgebervereinigung oder einer Vereinigung, deren Mitglieder einer bestimmten Berufsgruppe angehören, einschließlich der Inanspruchnahme der Leistungen solcher Vereinigungen,

5. den Sozialschutz, einschließlich der sozialen Sicherheit und der Gesundheitsdienste,
6. die sozialen Vergünstigungen,
7. die Bildung,
8. den Zugang zu und die Versorgung mit Gütern und Dienstleistungen, die der Öffentlichkeit zur Verfügung stehen, einschließlich von Wohnraum (vgl. Antidiskriminierungsstelle des Bundes 2016: 6f.).

1.3.2 Grundlagen zum Diversity-Begriff

Diversity kann wörtlich übersetzt werden mit Diversität, Vielfalt, Vielfältigkeit oder Verschiedenheit. Eine allgemeingültige Definition oder ein einheitliches Verständnis des Begriffs Diversity existiert bislang nicht.

Erkennbar ist eine unterschiedliche Verwendung des Begriffs in Wirtschaftsbetrieben und in der Verwaltung.

„Als Organisations- und Personalentwicklungsinstrument wird Diversity auch als ‚Diversity-Management' oder ‚Diversity-Mainstreaming' bezeichnet. Während in der freien Wirtschaft meist mit einem Konzept des Diversity-Managements gearbeitet wird, streben immer mehr Verwaltungen in Europa und Deutschland ein Mainstreaming von Diversity an, d.h. ein frühzeitiges Mitdenken von gesellschaftlicher Vielfalt bei der Entwicklung und Umsetzung von Gesetzen und Maßnahmen in allen Bereichen.

Beide Ansätze sind sich durchaus ähnlich, unterscheiden sich aber bezüglich ihrer Motivation: Unternehmen übernehmen mit ‚Diversity-Management' soziale Verantwortung und versprechen sich eine bessere Kundenorientierung, mehr Effizienz und Kreativität in Arbeitsprozessen und letztendlich höhere Profite. ‚Diversity-Mainstreaming' orientiert sich dagegen weniger an wirtschaftlichem Profitstreben, als vielmehr am Gedanken sozialer Gerechtigkeit und der Herstellung von Chancengleichheit für alle Menschen unserer Gesellschaft" (Antidiskriminierungsstelle des Bundes 2015: 12).

Deutlich wird ebenfalls ein Wandel von einem eng gefassten Verständnis, das wenige Diskriminierungsmerkmale in den Blick nimmt, hin zu einem weiten Verständnis von „Diversity als Menschenrechtsansatz, der vielfältige, komplexe Lebenslagen und Erfahrungen anerkennt und auf gleiche Teilhabechancen und Rechte abzielt" (ebd.: 11). Die Binnendifferenzierung des Begriffs wird zunehmend größer. Vielfalt wird nach diesem Verständnis nicht als Problem, sondern als Gewinn für die Gesellschaft betrachtet (vgl. ebd.).

1.3.3 Diversity im Museum

Das Museum wird definiert als „gemeinnützige, ständige, der Öffentlichkeit zugängliche Einrichtung, im Dienste der Gesellschaft und ihrer Entwicklung, die zu Studien-, Bildungs- und Unterhaltungszwecken materielle Zeugnisse von Menschen und ihrer Umwelt beschafft, bewahrt, erforscht, bekannt macht und ausstellt" (Deutscher Museumsbund 2006: 6).

Die staatlich finanzierten Museen sind bedingt durch ihre Rechtsform und Trägerschaft häufig Teil der Verwaltung selbst oder verwaltungsnah organisiert, weshalb der Umgang mit dem Diversity-Begriff im Kontext der derzeit von Verwaltungen verwendeten Definitionen sinnvoll erscheint. „Grundsätzlich sind alle Verwaltungen gefordert, als Arbeitgeberinnen und als Anbieterinnen von Dienstleistungen, darauf zu achten, dass Beschäftigte wie Kund_innen nicht ungerechtfertigt benachteiligt werden" (Antidiskriminierungsstelle des Bundes 2015: 14). In einem weiteren Leitfaden für Verwaltungsbeschäftigte wird die Vorbildfunktion der öffentlichen Verwaltung betont. „Als Institution, die die politischen Rahmenbedingungen einer Gesellschaft maßgebend mit strukturiert, kommt öffentlicher Verwaltung jedoch eine wichtige Rolle im Einbezug der faktischen Heterogenität von Bevölkerung zu. Darüber hinaus können Dienstleistungen passgenauer ausgestaltet werden und zudem hat Verwaltung als staatliche Institution eine Vorbildfunktion bezüglich gesellschaftlicher Gestaltung inne." (Antidiskriminierungsstelle des Bundes 2012: 14). Entsprechend übernehmen auch Museen eine Vorbildfunktion in Bezug auf gesellschaftliche Gestaltung.

Mit Blick auf die Definition von Museen und deren Aufgaben ist zudem ein Blick auf Diversity im Kontext von Bildungsgerechtigkeit sinnvoll. Anne Sliwka beschreibt die Entwicklung in diesem Bereich von der Homogenität, bei der die Unterschiede bei Lernenden nicht anerkannt werden, über die Heterogenität, bei der zwar die Unterschiedlichkeit der Lernenden anerkannt, diese jedoch als Herausforderung wahrgenommen wird, bis hin zur Diversität, bei der die Unterschiede als Gewinn angesehen werden. Der Schritt von der Heterogenität hin zur Diversität beinhaltet auch den Schritt von Integration zu Inklusion (vgl. Sliwka 2012: 272).

Während in Deutschland in bildungswissenschaftlichen Publikationen der Begriff der Heterogenität „häufig noch in einem Atemzug genannt wird mit Begriffen wie ‚Problem' oder ‚Herausforderung'"(ebd.), stellt Sliwka fest: „Länder mit einer längeren Tradition der Zuwanderung, so wie Kanada, Australien oder Neuseeland, scheinen in puncto Diversität einen Schritt weiter zu sein: Statt Heterogenität als Herausforderung zu betrachten, wird Diversität als Bildungsgewinn und zentrale Ressource von Bildung gesehen" (ebd.: 273). Der Weg dorthin „wird das deutsche Bildungssystem einen guten Schritt weiter in die Lebensrealität des 21. Jh.s führen. Kulturelle Bildung sollte ihren Beitrag dazu leisten" (ebd.). Museen als Orte kultureller Bildung müssen den ihrigen dazu leisten.

Bedingt durch den nationalen Integrationsplan aus dem Jahr 2007 nahm der Deutsche Museumsbund in den folgenden Jahren schwerpunktmäßig das Thema „Migration und kulturelle Vielfalt" auf seine Agenda. Er orientiert sich an folgender Definition von Diversität:

> „Vielgestaltigkeit und Differenz von Lebenskonzepten. Das Konzept der *diversity* beinhaltet die Wertschätzung jeder Unterschiedlichkeit bspw. in Bezug auf kulturelle und ethnische Hintergründe, Sexualität, Glauben und Lebensstile" (Deutscher Museumsbund 2014: 32).

Das Verständnis von Diversity auf der Website des Museumsbundes lautet: „Unsere Gesellschaft verändert sich stetig und ist u.a. geprägt durch Phänomene wie den demographischen Wandel und Migration. Der Deutsche Museumsbund ist der Überzeugung, dass alle Mitglieder unserer Gesellschaft ein Recht auf kulturelle Teilhabe haben" (Deutscher Museumsbund 2017).

Während in deutschen Museen die Thematik im Diskurs präsent ist und Eingang in vereinzelte Programme und Projekte findet, kommt die Museums Association in Großbritannien nach einer Umfrage, die 2015 bis 2016 zum Stand von Diversity nach 17 Jahren der kontinuierlichen Arbeit an der Fragestellung stattfand, zu folgendem drastischen Fazit: „This hard-hitting report outlines the lack of diversity in the sector at all levels. We need decisive, meaningful action now from funders and sector bodies if we are to make a real difference on these issues for future generations. The time for talking is over" (Museums Association 2016: 2). Eine wesentliche Erkenntnis bezieht sich darauf, dass die Institutionen ein besseres Verständnis für die verschiedenen Dimensionen von Diversität erlangen müssen. Dies gilt vor allem für die weniger offensichtlichen Faktoren, wie etwa die sozioökonomischen Bedingungen von Besuchern. Zudem sollten Machtstrukturen innerhalb des Museums in den Blick genommen und eine Steigerung der Diversität des Personals in Führungsebenen gefördert werden (vgl. ebd.: 15).

Diversität sollte sich auf alle Bereiche im Museum beziehen: die Diversität der Besucher, der Sammlungen, der Programme und Veranstaltungen sowie des Museumspersonals. In der Museumspraxis findet sich in einigen Museen ein erweitertes Verständnis von Diversität in Leitbildern wider. So zählt etwa Eithne Nightingale, bis 2013 Head of Access, Social Inclusion and Community Development im Victoria & Albert (V&A) Museum in London, folgende Dimensionen auf: „The emphasis here is on ensuring that all aspects of the V&A – the staff profile, the collections, audiences, programmes and events reflect the diversity that exists within society, whether in relation to socio-economic and educational background, disability, age, ethnic background, religious belief, country of origin, residency or sexual orientation" (Victoria & Albert Museum 2011: 3).

Der Fokus in deutschen Museen liegt derzeit noch stärker auf Besuchern und weniger auf Mitarbeitern. „Wenn Vielfalt diskutiert wird, dann bezieht sie sich in erster Linie auf eine (von verschiedenen Kulturakteuren gewünschte, größere) Vielfalt von Besuchern; die Diversity von Mitarbeitern in Kulturbetrieben wird bislang noch kaum beachtet", wie Hausmann und Süß feststellen und zudem konstatieren: „[...], dass das Personalmanagement insgesamt eine nur untergeordnete Rolle im Kulturbereich spielt" (Hausmann/Süß 2012: 89).

Die Gesellschaft verändert sich. Für die Museen wird eine genauere Kenntnis ihres Publikums und potenziellen Publikums zunehmend relevant. Wie spiegelt sich Diversity im Museumspublikum wider?

2. Museumspublikum

Deutschland hat im europäischen Vergleich die höchste Anzahl an Museen. Doch wie steht es um die Kenntnisse über das Museumspublikum? Wie kann ein Museum seine Ausgangslage einschätzen und damit den eigenen Handlungsbedarf ermitteln und bewerten? Auf welcher Datenbasis kann eine Outreach-Strategie gründen? Ein Museumsbesuch stellt eine Freizeitbeschäftigung neben zahlreichen anderen dar. Zunehmend bedeutsam für die Orientierung innerhalb der Fülle an Angeboten sind auch Bewertungsportale im Internet. Wie stimmen Internetnutzer in Online-Portalen über Museen ab? Das folgende Kapitel geht diesen Fragen nach und bietet zur Beantwortung statistische Auswertungen und Überblickstabellen zur Darstellung der Ausgangslage an. Eine eigene Auswertung mit Daten einer Bevölkerungsbefragung stellt ergänzende Informationen für eine aktuelle Beschreibung des Museumspublikums zur Verfügung (Scharf 2017a). Ein Überblick über die Situation in den USA und in Großbritannien, die Länder, die eine lange und kontinuierliche Outreach-Tradition haben, ermöglicht wiederum aus den Erfahrungen, die dort gemacht wurden, zu lernen. Beispielhafte historische Aussagen über das Museumspublikum verdeutlichen zudem, dass einige Fragestellungen die Museen bereits seit Beginn ihrer Gründung beschäftigen. Der Gesamtblick soll es den Museen ermöglichen sich im Hinblick auf die jeweils eigene Diversity-Strategie zu verorten und auszurichten.

2.1 Per Klick gewählt: Beliebteste Museen in Deutschland

Eine Orientierungshilfe für das Museumspublikum und das potenzielle Museumspublikum, unter der Vielzahl der Museen dasjenige zu finden, welches man besuchen sollte, bieten im digitalen Zeitalter vor allem Bewertungen. Die Beliebtheit von Museen wird mit Hilfe des Internets von den Nutzern definiert. Die Abstimmung erfolgt in Form von Bewertungen und Kommentaren in Online-Portalen. Die weltweit führende Reise-Website Tripadvisor sammelt pro Monat von 390 Mio. Websitebesuchern 435 Mio. Bewertungen und Meinungen (vgl. tripadvisor 2017). Für die beliebtesten Museen vergibt das Unternehmen die Traveller's Choice Awards für Museen. Aus den Mio. von Nutzerbewertungen und Erfahrungsberichten wurden 619 Museen in 55 Ländern miteinander verglichen. Für Deutschland ergibt sich dabei folgende Beliebtheitsskala (vgl. travelbook 2016)

1. Topographie des Terrors, Berlin
2. Pergamonmuseum, Berlin
3. Mercedes Benz Museum, Stuttgart
4. BMW Museum, München
5. Deutsches Museum, München
6. Residenz München
7. Deutsches Historisches Museum, Berlin
8. Neues Museum, Berlin

9. Dokumentationszentrum Reichsparteitaggelände, Nürnberg
10. Bildergalerie Alte Meister, Dresden

Allein die ersten beiden Museen haben zusammen bis Mai 2017 etwa 27.000 Bewertungen von Besuchern erhalten. Diese Rangfolge bildet die Beurteilung der Nutzer des Online-Portals ab, wird mit großer Reichweite medial vermittelt und so von Interessenten weltweit wahrgenommen. In einer weiteren Bewertung der besten Museen der Welt ist ein deutsches Museum vertreten. Das Pergamonmuseum Berlin belegt den sechzehnten und damit letzten Platz in dieser Abfrage (vgl. tripadvisor 2015).

2.2 Mehr Museen – weniger Besuche – sinkende Nachfrage

Das Institut für Museumsforschung (IfM) hat für seine Erhebung im Jahr 2016 deutschlandweit 7.020 Museen in seiner Datenbank erfasst. 6.712 der Museen wurden für die Befragung berücksichtigt und 5.088 Museen meldeten für das Jahr 2016 eine Zahl von insgesamt 111.877.085 Besuchen zurück (vgl. IfM 2017: 7ff.). Seit das IfM Anfang der 1980er Jahre mit der kontinuierlichen Erhebung begonnen hat, war die Besuchszahl aus 2015, mit insgesamt 114.423.192 Besuchen, die höchste erfasste Besuchszahl. Es war allerdings auch die bis zu diesem Zeitpunkt höchste erfasste Anzahl Museen. Der differenzierte Blick des IfM zeigt im Zeitverlauf Zusammenhänge zwischen Sonderausstellungen sowie besondere Aktivitäten und einer höheren Nachfrage auf. Betrachtet man jedoch die Entwicklung der Zahl an Museen und die Zahl der Besuche, wirft dies Fragen auf. Die im Jahr 2016 in der Befragung des IfM 6.712 einbezogenen Museen entsprechen im Vergleich zum Jahr 2000 einem Plus von 885 Museen und einer Zunahme von rund 40 Prozent. Die Anzahl der Besuche hat im gleichen Zeitraum um 15 Prozent zugenommen. Dem mengenmäßigen Wachstum an Institutionen steht im Zeitverlauf ein viel geringerer Zuwachs der Nachfrage gegenüber. Zumal die größten Zuwächse in den deutschen Metropolen durch Kulturtourismus erzielt wurden (vgl. IfM 2015: 7). Bei der Betrachtung des Zeitraums von 1993 bis 2013 wurden bereits ähnliche Tendenzen deutlich. In dieser Zeitspanne nahmen die Jahresbesuchszahlen um 17,8 Prozent zu und die Zuwachsrate der Museen betrug 35,8 Prozent (vgl. Walz 2016: 74). Die Enquete-Kommission bezieht sich in ihrem Bericht auf eine Beobachtung dieser Entwicklung über einen Zeitraum der letzten 30 Jahre und äußert ihre Bedenken (vgl. Deutscher Bundestag 2007: 119). Es ist sehr wohl eine Entwicklung erkennbar, dass ein überproportionaler Zuwachs an Museen einer geringer steigenden Nachfrage gegenübersteht. Allerdings soll dies nicht für alle Museumstypen gleichermaßen zutreffen. „Museen mit hochkulturellem Inhalt scheinen also – wenn man diese Besuchszahlen als Grundlage nimmt – insgesamt weniger und weniger attraktiv zu sein, dies steht im deutlichen Widerspruch zu ihrer medialen Dominanz. Museen mit populären, konkreten historischen und zeitgenössischen Inhalten (Heimatkunde, Kulturgeschichte und politische Geschichte, popularisierte Wissenschaft) werden hingegen häufiger aufgesucht" (vgl. Kirchberg 2005: 28). Kirchberg bezieht sich dabei auf eine Analyse der Besuchszahlen im Zeitraum von 1981 bis 1996 (vgl. ebd.: 27). Laut Erhebung des IfM hatten die Naturkundemuseen, die naturwissenschaftlichen Museen und die Technikmuseen 2016 ein besonders besuchsstarkes Jahr. „Während in vielen Kunstmuseen – mit oder ohne erfolgreich präsentierten Sonderausstellungsangebot – in 2016 die Jahresbesuchszahl hinter dem Vorjahres-Ergebnis blieb, stieg die Gesamtbesuchszahl in den Naturkundemuseen und den naturwissenschaftlichen/technischen Häusern im Vergleich zum Vorjahr bzw. blieb konstant" (IfM 2017: 14).

Tabelle 2: Anzahl der Museen mit Besuchsangaben nach Museumsart

Anzahl der Museen mit Besuchszahlangabe nach Museumsart		**Anzahl der Besuche**	**Durchschnittliche Anzahl der Besuche**
1.986	Volkskunde- und Heimatkundemuseen	14.805.882	7.455
708	Kulturgeschichtliche Spezialmuseen	11.259.907	15.904
5.653	Naturwissenschaftliche und technische Museen	18.677.253	33.057
503	Kunstmuseen	18.214.003	36.211
391	Historische und archäologische Museen	21.475.862	54.925
229	Schloss- und Burgmuseen	13.511.729	59.003
212	Naturkundliche Museen	7.198.014	33.953
76	Mehrere Museen in einem Museumskomplex	4.120.582	54.218
29	Sammelmuseen mit komplexen Beständen	2.613.853	90.133
4.699		**111.877.085**	**23.809**

Darstellung auf Basis der Daten aus IfM 2017, Heft 71: 27, eigene Berechnung.

Die oben berechneten Durchschnittszahlen der Besuche für die verschiedenen Museumsarten relativieren die teilweise hohen Besuchszahlen, da sie diese in Bezug zur Anzahl der Museen setzen. Die folgende Darstellung zeigt noch deutlicher die Museumsarten in Relation zu den gruppierten Besuchszahlen. Über 50 Prozent der Museen und insbesondere die Volkskunde- und Heimatkundemuseen verzeichnen im Jahr 2015 bis 5.000 Besuche.

Tabelle 3: Museumsarten in Relation zu gruppierten Besuchszahlen

T für Tausend	bis 5 T	bis 10 T	bis 15 T	bis 25 T	bis 50 T	bis 100 T	bis 500 T	bis 1 Mio.	über 1 Mio.
Volkskunde- und Heimatkundemuseen	1.414	248	100	101	69	38	11	0	0
Kunstmuseen	162	84	40	67	70	51	45	1	0
Schloss- und Burgmuseen	48	32	26	35	302	25	28	1	2
Naturkundliche Museen	88	21	22	20	30	13	16	2	0
Naturwissen-schaftliche und technische Museen	280	74	44	42	57	31	29	7	1
Historische und archäologische Museen	153	49	36	35	30	37	43	8	1
Sammelmuseen mit komplexen Beständen	1	2	2	2	5	7	10	0	0
Kulturgeschichtliche Spezialmuseen	413	99	38	53	50	31	22	2	0
Mehrere Museen in einem Museums-komplex	11	13	10	8	17	7	9	1	0
Gesamt	2.570	622	318	346	360	240	217	22	4

Darstellung auf Basis der Daten aus IfM 2017, Heft 71: 30, Tabelle 7, eigene Berechnung.

Weder die Messung der Beliebtheit auf der Touristik-Website noch die vom IfM erfassten Besuchszahlen geben eine Auskunft über die tatsächliche Nachfrage, die Anzahl und die Zusammensetzung der Besucher. Welche Aussagen über das Museumspublikum sind nach derzeitigem Stand der Erkenntnisse also möglich? Auch wenn jedes Museum diese Fragestellung für sich individuell beantworten sollte, bildet eine Betrachtung des allgemein verfügbaren Wissens über das Kulturpublikum und das Museumspublikum die Grundlage für die Verortung der einzelnen Institutionen und für die Entwicklung individueller Outreach-Strategien.

2.3 Museumspublikum in Deutschland

Obwohl Deutschland über eine hohe Anzahl an Museen verfügt, existiert kaum repräsentative Publikumsforschung. Forschungsergebnisse liegen vereinzelt und wenig systematisiert vor. Auch Veränderungen in der Besucherstruktur können nicht abgebildet werden (vgl. Reuband 2016a: 2). Das betrifft sowohl Besucherbefragungen in Museen als auch repräsentative Bevölkerungsumfragen. Einerseits liegen spartenspezifische Studien vor, wie zum Beispiel für Orchester oder Theater, mit denen aber keine expliziten Rückschlüsse für Museen gezogen werden können. Andererseits werden in Bevölkerungsumfragen Museen nicht differenziert erfasst und Fragenkomplexe gebildet, die keine konkreten Aussagen zu verschiedenen Museumstypen ermöglichen. Die umfassenden, repräsentativen Besucherstudien, die mehrere Museumstypen vergleichend im gesamten Bundesgebiet in den Blick nehmen, sind selten und älteren Datums (vgl. Hummel 1996, Klein/Bachmayer 1981). Auf diesen Missstand wurde in der wissenschaftlichen Literatur mehrfach hingewiesen (Klein/Bachmayer 1981, Klein 1990, Kirchberg 1996, Reuband 2016a).

Es liegen nach derzeitigem Wissensstand zwei Studien vor, die auf repräsentativen Bevölkerungsumfragen gründen und die mehrere Museumstypen betrachten (Eisenbeis 1980, Kirchberg 1996). Die Analyse von Kirchberg ermittelte in einer repräsentativen Bevölkerungsumfrage im Jahr 1995 auf Basis von 16.862 Rückmeldungen demographische und sozioökonomische Faktoren von Museumsbesuchern, kategorisiert nach den vier Museumstypen: Wissenschafts- und Technikmuseen, Naturkunde- und Naturwissenschaftliche Museen, Geschichtsmuseen und Kunstmuseen (vgl. Kirchberg: 1996).

Auch die Museen selbst sowie verschiedene Institute verfügen durch Auftragsforschung sowie aus eigener Forschung über Daten (vgl. Reuband 2016a: 3). Im Museumsbereich liegen aufgrund der ab den 1970er Jahren sich zu etablieren beginnenden Publikumsforschung vor allem deskriptive Besucherstrukturanalysen vor (vgl. Reussner 2009: 36). Jedoch ist trotz steigendem Interesse am Publikum die Zahl der Museen, die keine Publikumsbefragungen durchführen, vergleichsweise hoch (vgl. IfM 2006: 45). So lag der Anteil 2005 bei knapp 60 Prozent (vgl. ebd.). Die öffentlich geförderten Museen in Deutschland führen in unterschiedlichem Umfang eigene Besucherforschung durch, stellen diese Ergebnisse jedoch überwiegend nicht öffentlich zur Verfügung (vgl. Zentrum für Audience Development 2007). Die Erkenntnisse, Informationen und Kennzahlen müssen aus verschiedenen Blickrichtungen wie etwa der Kunstsoziologie, Kultursoziologie, Kulturforschung, Bildungsforschung, Museumsforschung, Freizeitforschung, Marktforschung, dem Kulturmarketing und Kulturmanagement zusammengetragen werden. Einige in der Literatur auffindbaren Grundaussagen über das Museumspublikum halten sich beharrlich, wie im folgenden Kapitel veranschaulicht wird.

2.4 Museen und Publikumsnähe damals wie heute

Bestimmte Bevölkerungsgruppen sind seit jeher in Museen unterrepräsentiert und haben insbesondere wenig Berührungspunkte im Umgang mit Kunst. So beschreibt etwa schon Adam Smith (1723–1790), dass die Beschäftigung mit Kunst und der Besitz von Kunst zur Demonstration des Status diente und Thorstein Veblen (1857–1929), später auch Pierre Bourdieu (1930–2002), formulieren diese Erkenntnis als Distinktionsthese aus (vgl. Steuerwald 2017: 4f.). Die Forschungsergebnisse erwecken den Eindruck einer scheinbar unveränderlichen Tatsache. „Die Kunst gehört eben zum >savoir vivre< bürgerlicher Sozialgruppen" (ebd.: 6f.). Bestätigt findet sich diese Distinktion auch in dem von Schulze beschriebenen Hochkulturschema, indem der Kunstgenuss und die Kennerschaft explizit den höher Gebildeten vorbehalten und eine Exklusivität und Begrenztheit immanent sind (vgl. Schulze 2005: 142ff.). Im Kern spiegeln sich diese Aussagen auch in der Zusammensetzung und der Sozialstruktur des Museumspublikums wider, zunächst in den Fürstenmuseen, später dann in den Museen wie wir sie heute als öffentliche Institutionen kennen. „Häufiger sind soziale Strukturierungswirkungen durch Museen aber latenter Natur, wobei vor allem eine Inklusionsfunktion politischer, wirtschaftlicher und intellektueller Eliten und eine Exklusionsfunktion der übrigen Bevölkerung konstatiert werden kann, also die traditionelle Museumsfunktion der Affirmation kultureller Hegemonie bestätigt wird" (Kirchberg 2005: 182). Das wird anhand folgender exemplarischer Aussagen entlang einer Zeitachse deutlich und gilt insbesondere für Kunstmuseen.

Tabelle 4: Museen und Publikumsnähe damals wie heute

1820	**2000**
Verfügung des Großherzogs Ludwig II, durch die Museen an bestimmten Wochentagen dem Publikum zur Unterhaltung und Belehrung offen stehen (vgl. Handschuh 1986: 74).	Zwei grundlegende Determinanten von Museumsbesuchen: Bildung und Unterhaltung (vgl. Terlutter 2000: 78).
„Die wenig aufgeklärte und der Kunst folglich kaum verständnisvoll gegenüberstehende Öffentlichkeit reagierte auf die beharrliche Vereinzelung des Museums mit Bezeichnungen wie 'Mausoleen' oder 'Friedhöfe für Kunst und Wissenschaft', obgleich sie von Wert und Bedeutung der Kunstwerke überzeugt war" (ebd.: 75).	„Museen werden als wenig gesellig und kommunikativ wahrgenommen" (ebd.: 80).
1852	**2010**
Die Reformdiskussion um eine publikumsnahe Museumslandschaft blieb unbefriedigend (vgl. ebd.: 92).	Selbst in den Museen, in denen Publikumsforschung fester Bestandteil ist, ist Publikumsorientierung nicht verankert (vgl. Reussner 2010: 375).
1870	**1990**
Die Kunstmuseen standen in der Kritik nur Kenner zu erreichen (vgl. ebd.: 78).	„Schier unüberwindbare scheinende Hürden für Arbeiter und Arbeiterinnen zu Kunstgalerien" (Klein 1990: 325).
1890	**2017**
„Ende des 19. Jahrhunderts ließen sich erstmals ausgedehnte Bemühungen konstatieren, die Museen auch der Arbeiterschaft und den Unterschichten zugänglich zu machen, die davor im Publikum stark unterrepräsentiert waren" (Hochreiter 1994: 191).	Akademiker sind stark überrepräsentiert. Arbeiter zählen kaum zum Museumspublikum (vgl. 2.2.5 in diesem Buch).

In einer international angelegten Untersuchung von 21 Museen, in denen Publikumsforschung zum festen Bestandteil der Museumsarbeit gehört zeigt sich, dass Museen die Publikumsforschung eher reaktiv einsetzen und nicht als aktives Instrument für die partizipative Arbeit mit dem Publikum (vgl. Reussner 2010: 377). Eine so verstandene Publikumsforschung führt nicht zur Publikumsorientierung (vgl. ebd.: 375). Publikumsorientierung setzt voraus, das eigene Publikum zu kennen und zu wissen welche Gründe das potenzielle Publikum davon abhält das Museum zu besuchen. Diese Parameter müssen regelmäßig neu untersucht und überprüft werden.

Im folgenden Abschnitt werden die wesentlichen Aussagen, die derzeit über das Museumspublikum und das potenzielle Publikum von Museen bestehen, zusammengetragen. Ergänzt wird dieser Ist-Stand um eine eigene Datenauswertung auf Basis einer repräsentativen Bevölkerungsumfrage aus dem Jahr 2016.

2.5 Datenanalyse zum Museumspublikum

In der seit 2013 in Deutschland durchgeführten repräsentativen Markt-Media-Studie werden Daten zur Mediennutzung, zur Mobilität, dem Freizeit- und Konsumverhalten sowie Werte und Einstellungen abgefragt (vgl. b4p 2013 bis 2016). Zur repräsentativen Abbildung der Grundgesamtheit der deutschsprachigen Wohnbevölkerung ab 14 Jahren, die im Jahr 2016 nach Hochrechnung der amtlichen Statistik 69,56 Mio. Personen umfasste, wurden für die Studie insgesamt 30.190 zufällig ausgewählte Personen mittels Selbstausfüllbogen und Face-to-Face-Interview befragt (vgl. b4p 2016). Welche Daten lassen sich aus dieser Studie in Bezug auf das Museumspublikum ermitteln? Die nachfolgenden Auswertungen wurden auf Basis der Markt-Media-Studie aus dem Jahr 2016 erstellt (vgl. Scharf 2017a). Dabei werden diejenigen Befragten, die angeben in ihrer Freizeit Museen, Ausstellungen und Galerien zu besuchen, als Museumspublikum definiert. Die entsprechende Frage dazu im Fragebogen lautet: „Wir nennen Ihnen im Folgenden einige Möglichkeiten, wie man seine Freizeit verbringen kann. Geben Sie bitte bei jeder Tätigkeit an, wie häufig Sie das in Ihrer Freizeit machen“ (b4p 2016: 272). Die Einschätzung der Häufigkeit erfolgte von den Befragten subjektiv. Die möglichen Antwortkategorien lauten „häufig, gelegentlich, selten, nie“ (vgl. ebd.). Da die Frage neben Museen auch Ausstellungen und Galerien umfasst, ist nicht ausgeschlossen, dass möglicherweise einige Befragte, zwar Galerien und Ausstellungen besuchten, aber nicht zwingend auch Museen. Wie hoch der Anteil an Museumsbesuchen außerhalb von Deutschland, zum Beispiel als Tourist war, wird ebenfalls nicht ersichtlich. Dennoch trägt die folgende Auswertung dazu bei, einen aktuellen und umfassenderen Eindruck über das Museumspublikum zu vermitteln und ergänzt die bisher vorhandenen Daten.

2.5.1 Wie groß ist das Museumsinteresse der Bevölkerung?

34,5 Mio. Menschen gaben an in ihrer Freizeit Museen, Ausstellungen, Galerien zu besuchen. Das entspricht 49,59 Prozent der Gesamtbevölkerung. 35,07 Mio. gaben an nie Museen, Ausstellungen, Galerien zu besuchen, das entspricht 50,41 Prozent der Bevölkerung. Den vorliegenden Daten zufolge, zählten sich demnach, wenn man die Kategorien häufig und gelegentlich als Vielbesucher zusammenfasst, 11,3 Prozent zu den Vielbesuchern. Diejenigen, die „selten" angaben, können als Gelegenheitsbesucher bezeichnet werden, dieser Anteil entspricht 38,4 Prozent und die Nichtbesucher machen 50,4 Prozent aus (vgl. ebd 271).

Das Eurobarometer ermittelte in 1.499 (im Jahr 2013) und in 1.534 (im Jahr 2007) geführten Interviews, dass 44 beziehungsweise 48 Prozent der Deutschen mindestens einmal pro Jahr ein Museum oder eine Galerie besuchen (vgl. Eurobarometer 2013, 2007). Für beide Jahre liegen die Angaben in Deutschland (D) über dem EU-Durchschnitt:

Abbildung 2: Wie oft haben Sie in den vergangenen 12 Monaten ein Museum oder eine Galerie besucht?

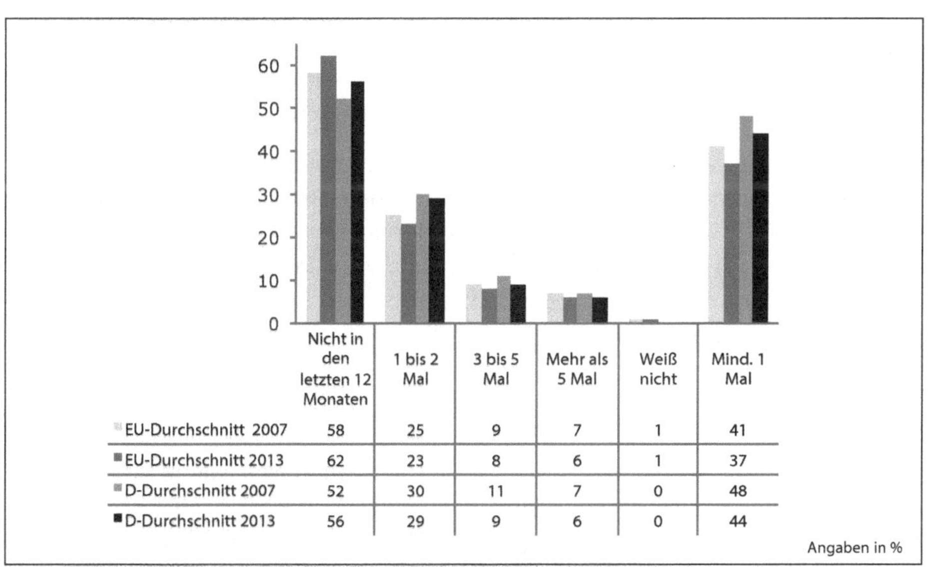

	Nicht in den letzten 12 Monaten	1 bis 2 Mal	3 bis 5 Mal	Mehr als 5 Mal	Weiß nicht	Mind. 1 Mal
EU-Durchschnitt 2007	58	25	9	7	1	41
EU-Durchschnitt 2013	62	23	8	6	1	37
D-Durchschnitt 2007	52	30	11	7	0	48
D-Durchschnitt 2013	56	29	9	6	0	44

Darstellung auf Basis der Daten aus Eurobarometer 2013: T7 und Eurobarometer 2007: QA4.8

Im Vergleich zu der Befragung aus 2007 ist die Anzahl der Museumsbesuche in Deutschland um vier Prozentpunkte rückläufig. Die Daten der Markt-Media-Studie und des Eurobarometers lassen sich nicht unmittelbar vergleichen. Einerseits umfasst die Grundgesamtheit beim Eurobarometer die Bevölkerung, die zum Zeitpunkt der Befragung 15 Jahre und älter war, bei der Markt-Media-Studie hingegen wurde die Bevölkerung ab 14 Jahren berücksichtigt. Andererseits wird im Eurobarometer die Häufigkeit abgefragt wohingegen die Antwortmöglichkeit in der Markt-Media-Studie eine subjektive Einschätzung wiedergibt.

2.5.2 Demografische Daten des Museumspublikums

Die nachfolgenden Auswertungen auf Basis der Markt-Media-Daten geben einen Einblick über die Zusammensetzung des hier wie oben bereits definierten Museumspublikums nach Geschlecht, Alter, Staatsangehörigkeit, Familienstand, Schul- und Berufsausbildung sowie nach Einkommen und nach Ortsgröße (vgl. Scharf 2017). Anhand der Auswertungen der repräsentativen Bevölkerungsumfrage können folgende allgemeine Aussagen zum Museumspublikum getroffen werden.

Das Museumspublikum ist überproportional weiblich

53,3 Prozent der weiblichen Bevölkerung gibt an, häufig, gelegentlich oder selten Museen, Ausstellungen, Galerien zu besuchen. Bei den Männern sind dies 45,7 Prozent. Die Geschlechterverteilung in der Bevölkerung insgesamt entspricht einem Anteil an 51,1 Prozent von Frauen und 48,9 Prozent von Männern. Der Anteil der Frauen, die Museen besuchen, ist somit in Relation zu deren Anteil in der Bevölkerung überproportional.

Das ältere Museumspublikum ist männlich

Das Durchschnittsalter der Gesamtbevölkerung liegt bei 48,2 Jahren. Männer sind im Durchschnitt 47,2 Jahre und Frauen 49,2 Jahre alt. Die Museumsbesucher sind im Durchschnitt 48,9 Jahre alt. Diejenigen, die von sich sagen, sie gehen der Freizeitbeschäftigung Museen, Ausstellungen, Galerien besuchen häufig nach, sind durchschnittlich 52,1 Jahre, die gelegentlichen Besucher 51,1 Jahre und diejenigen, die dieser Aktivität selten nachgehen sind im Durchschnitt 48,2 Jahre alt. Die Männer sind mit 49,1 Jahren durchschnittlich älter als die Frauen mit 48,6 Jahren. In der Altersgruppe der 14- bis 19-Jährigen sind die weiblichen Besucher überproportional vertreten. Ab einem Alter von 50 Jahren stellen überproportional Männer das Museumspublikum.

Abbildung 3: Altersstruktur der Befragten, die angeben häufig, gelegentlich, selten Museen, Ausstellungen, Galerien zu besuchen („Museumsbesucher") in Relation zur Gesamtbevölkerung 2016

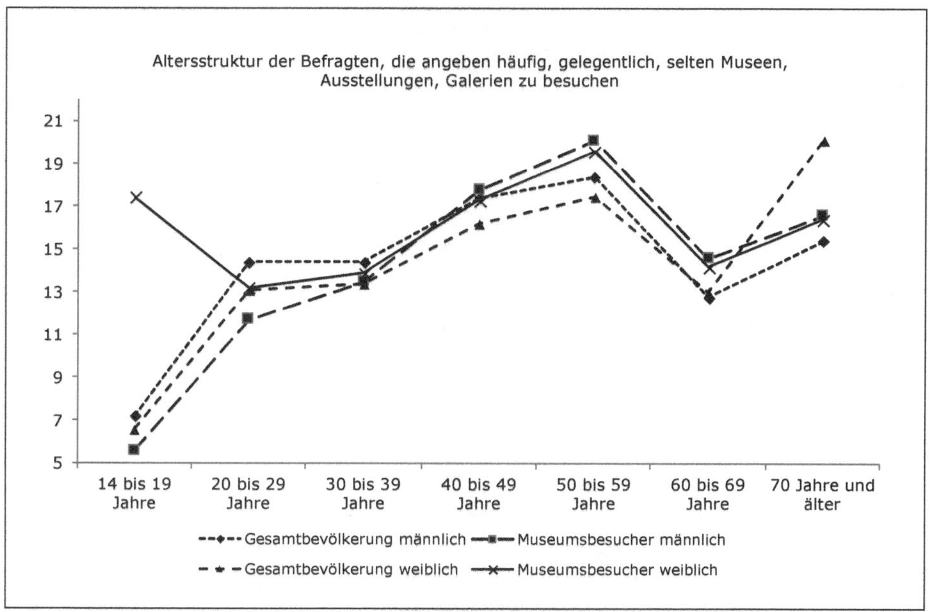

Darstellung auf Basis der eigenen Auswertung (Scharf 2017a).

Wenn man in diese Auswertung nur diejenigen einbezieht, die angeben häufig oder gelegentlich Museen, Ausstellungen, Galerien besucht zu haben, und diese wie in der oben dargestellten Grafik der Gruppe der Vielbesucher zuordnet, wird noch deutlicher, dass das Alter der Männer im Museumspublikum im Durchschnitt höher ist. Die Vielbesucher haben einen Altersdurchschnitt von 52,2 Jahren. Die Männer sind 52,1 und die Frauen 50,5 alt. Während der Anteil an Männern mit zunehmendem Alter unter den Vielbesuchern steigt, nimmt dieser Anteil bei den Frauen ab. Bei der Altersgruppe ab 70 Jahren ist der Anteil der Männer in der Gesamtbevölkerung 16,6 Prozent, während der Anteil unter den männlichen Vielbesuchern bei 22,1 Prozent liegt.

Abbildung 4: Altersstruktur der Befragten, die angeben häufig, gelegentlich Museen, Ausstellungen, Galerien zu besuchen („Vielbesucher") in Relation zur Gesamtbevölkerung 2016

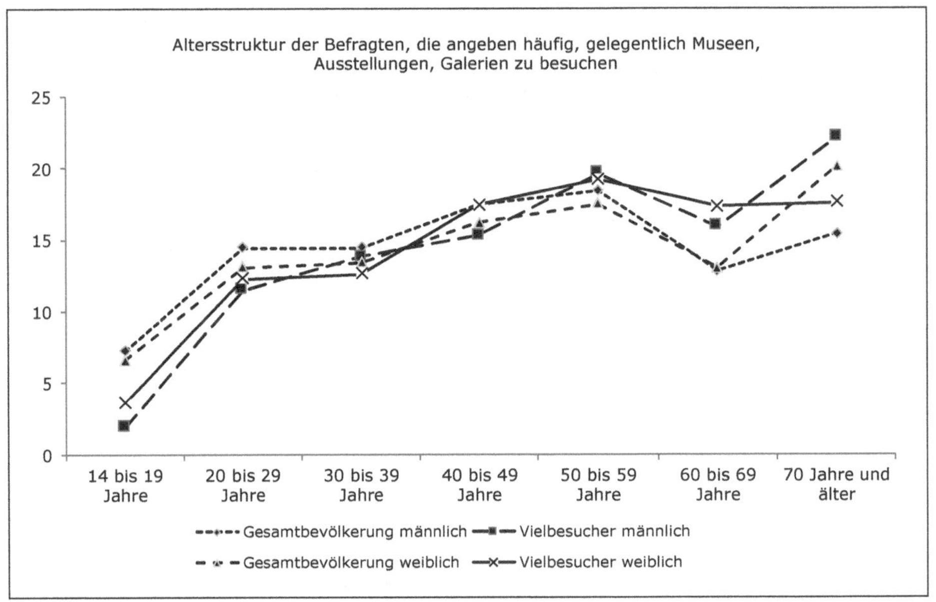

Darstellung auf Basis der eigenen Auswertung (Scharf 2017a).

Somit bestätigt sich in dieser Auswertung der von Klein aufgezeigte Trend der Maskulinisierung. In seiner Studie aus dem Jahr 1990 stellt er fest, dass mit zunehmendem Alter der Männeranteil der Museumsbesucher steigt (vgl. Klein 1990: 152).

Gibt es einen Alterungstrend in Museen?

Wie oben dargestellt beträgt das Durchschnittsalter der Museumsbesucher 48,9 Jahre. Hingegen ist der Altersdurchschnitt derjenigen, die als Freizeitbeschäftigungen angeben Theater, Opern, klassische Konzerte zu besuchen höher. Hier liegt das Durchschnittsalter bei knapp 55 Jahren. Befragte, die angeben diesen Freizeitbeschäftigungen häufig nachzugehen, sind durchschnittlich sogar über 59 Jahre alt. Zu diesem Ergebnis kommt auch Reuband und ermittelt ein Durchschnittsalter des Kulturpublikums zwischen 55 und 60 Jahren, was in fast allen Kulturbereichen älter als das Durchschnittsalter der Bevölkerung ist (vgl. Reuband 2016b: 25). „Das Durchschnittsalter der Opernbesucher liegt bei 59 Jahren, das der Besucher von Schauspielhaus oder Theater bei 54 Jahren und von Kunstmuseen bei 55 Jahren" (ebd).

Kirchberg kommt in seiner Analyse zu dem Ergebnis, dass das Alter eine wesentliche Rolle beim Besuch naturkundlicher und naturwissenschaftlicher Museen spielt: Jüngere sind hier stärker repräsentiert als Ältere. Geschichtsmuseen werden am häufigsten von Frauen und Männern um die 50 besucht. Einen besonders starken Effekt hat das Alter auf den Besuch von Kunstmuseen. Hier ist die Gruppe derjenigen, die 65 und älter sind, am häufigsten vertreten (vgl. Kirchberg 1996: 245ff.). Nach Wegner zeichnet sich vor allem für die kulturgeschichtlichen Museen und für Kunstmuseen ein Alterungstrend ab (vgl. Wegner 2010: 263). Reuband spricht von einer „Neustrukturierung der Altersbeziehung" (Reuband 2016b: 25). Das bedeutet im Zeitverlauf bei den Jüngeren einen Rückgang an Interessenten und bei den Älteren einen Anstieg (vgl. ebd.). Hinzu kommt, dass sich in der deutschen Gesellschaft allgemein die Relation von Jung und Alt weiterhin stark verändern und der Anteil der Jüngeren weiter zurückgehen wird (vgl. Statistisches Bundesamt 2016: 25f.) Diese gesamtgesellschaftliche demografische Entwicklung trifft die Kulturinstitutionen insofern stärker, da das Publikum bereits heute ein höheres Durchschnittsalter hat. Diese Ausgangslage eines überdurchschnittlich älteren Publikums in Verbindung mit einem nachlassenden Interesse der gleichzeitig schrumpfenden nachfolgenden Generationen, stellt die Museen vor zwei Aufgaben. Einerseits gilt es sich stärker um die jüngeren Zielgruppen zu bemühen, andererseits besteht ein Potential weitere Kreise in der älteren Bevölkerung zu erreichen.

Das Museumspublikum ist ein Akademikerpublikum

Dieses Fazit kann auch anhand der Auswertung der Bevölkerungsumfrage bestätigt werden. Demnach zählen 75,6 Prozent der Akademiker „Museen, Ausstellungen und Galerien besuchen" zu ihrer Freizeitbeschäftigung. Dagegen ist das Verhältnis von Museumsbesuchern und Nichtbesuchern der Befragten mit einem Haupt-, Volks-, Grundschulabschluss, ohne abgeschlossene Lehre/Berufsausbildung umgekehrt: 71,9 Prozent geben an nie Museen, Ausstellungen und Galerien zu besuchen. Sobald die Befragten dieser Schulformen eine Lehre oder Berufsausbildung abgeschlossen haben, sagen 61,6 Prozent über sich, nie dieser Freizeitbeschäftigung nachzugehen. Hier liegt das größte Potenzial für die Museen im Hinblick auf die Gesamtbevölkerung. Die Museen können den Zugang zu einer großen Zahl Menschen gewinnen, die sich grundsätzlich für kulturelles Leben interessieren, jedoch nicht über einen akademischen Abschluss verfügen.

Bei näherer Betrachtung einzelner Museen wird deutlich, dass der höchste erreichte Bildungsabschluss je nach Museumstyp zwischen 27 und 55 Prozent mit Hochschulabschluss, zwischen 20 und 35 Prozent mit Hochschulreife und zwischen 20 und 52 Prozent mit Haupt- und Realschulabschluss variiert (vgl. Wegner 2010: 265). Freilichtmuseen und Naturkundemuseen werden häufiger von Besuchern ohne Abitur oder akademischen Abschluss besucht (vgl. ebd.). Der hohe Bildungsabschluss von Museumsbesuchern fällt vor allem bei Kulturgeschichtlichen Museen, Geschichtsmuseen und Kunstmuseen auf (vgl. Kirchberg 1996, vgl. Wegner 2010).

Migrationshintergrund im Museumspublikum

Wie im Kapitel 1.3 „Diversity im Museum" näher erläutert, kam das Thema Migrationshintergrund der Besucher in den Museen, bedingt durch den nationalen Integrationsplan im Jahr 2007, verstärkt auf die Agenda. Das Konzept des Migrationshintergrundes beschreibt Menschen nach folgenden Kriterien:

> „Eine Person hat einen Migrationshintergrund, wenn sie selbst oder mindestens ein Elternteil die deutsche Staatsangehörigkeit nicht durch Geburt besitzt." Die Definition umfasst im Einzelnen folgende Personen:
> 1. zugewanderte und nicht zugewanderte Ausländer;
> 2. zugewanderte und nicht zugewanderte Eingebürgerte;
> 3. (Spät-)Aussiedler;
> 4. mit deutscher Staatsangehörigkeit geborene Nachkommen der drei zuvor genannten Gruppen (Statistisches Bundesamt 2015: 20).

Reuband stellt fest, dass Menschen mit Migrationshintergrund grundsätzlich in Kulturinstitutionen unterrepräsentiert sind (vgl. Reuband 2016a: 28). Diese Aussage bestätigt auch Keuchel und zeigt auf, dass das Interesse an Angeboten klassischer Kultureinrichtungen von Menschen aus weiter entfernten Kulturräumen geringer ist (vgl. Keuchel 2012: 121). Die Kulturnutzung ist nicht von der Herkunftskultur abhängig, sondern von der Bildung, der Einstellung, der sozialen Lage und von dem Herkunftsraum, das heißt ob eine Person eher in einer Großstadt oder im ländlichen Raum lebt (vgl. Cerci/Gerhards 2009: 3). Die Markt-Media-Studie ermöglicht zwar eine Auswertung nach Staatsangehörigkeit, jedoch kann keine Aussage zum Migrationshintergrund getroffen werden. Spezifische Aussagen zum Migrationshintergrund für das Museumspublikum in Deutschland sind derzeit nicht möglich. Fraglich ist, ob diese Kategorie überhaupt erfasst werden muss, zumal der Bildungs- und sozioökonomische Hintergrund ausschlaggebender für den Zugang ist.

Das Museumspublikum ist in großen Städten zu Hause

Die Zahl der Museumsbesucher ist in Städten mit mehr als 500.000 Einwohnern am höchsten. 58 Prozent der Menschen, die in Großstädten Wohnen sagen von sich, dass sie Museen, Galerien und Ausstellungen besuchen. Je größer der Ort ist, desto mehr Menschen gehen dieser Freizeitbeschäftigung nach. Dieses Ergebnis steht in Verbindung mit der kulturellen Infrastruktur, die mit zunehmender Größe des Ortes steigt (vgl. Reuband 2016b: 4). Dennoch fällt das Merkmal der Ortsgröße nicht so stark ins Gewicht wie etwa der höchste erreichte Bildungsabschluss.

2.5.3 Sozioökonomische Daten des Museumspublikums

Der sozioökonomische Hintergrund der Befragten, die den Besuch von Museen, Ausstellungen und Galerien zu ihrer Freizeitbeschäftigung zählen, wird anhand des durchschnittlichen Haushaltsnettoeinkommen, die Stellung im Beruf der Befragten, sowie das Haushaltsnettoeinkommen in verschiedenen Einkommensklassen dargestellt. Da es in den Museen in Großbritannien üblich ist, die Museumsbesucher nach Social Grades zu erfassen, um eine Veränderung in der Sozialstruktur der Museumsbesucher sichtbar zu machen, wird auch diese Auswertung berücksichtigt. Die entsprechenden Daten befinden sich in den Tabellen 11 bis 13 im Anhang.

Das Haushaltsnettoeinkommen des Museumspublikums ist überdurchschnittlich hoch

Anhand der Daten kann bestätigt werden, dass die Museumsbesucher im Verhältnis zu den Nichtbesuchern über ein höheres durchschnittliches Haushaltsnettoeinkommen verfügen. Dieses liegt bei 3.007,90 Euro während das durchschnittliche Einkommen in der Gesamtbevölkerung bei 2.742,40 Euro liegt. Es ist festzustellen, dass der Anteil der Nichtbesucher mit geringerem Haushaltsnettoeinkommen, bis unter 1.000 Euro, überdurchschnittlich hoch ist. Hier stellt sich aus Museumssicht die Frage, ob mit einem kostenlosen oder vergünstigten Eintritt diese potenziellen Museumsbesucher erreicht werden könnten. Um dieser Frage weiter nachzugehen, müsste diese Gruppen näher betrachtet und zu den Gründen ihres Fernbleibens befragt werden. Die Auseinandersetzung mit der Thematik des freien Eintritts ist für Museen nicht neu (vgl. Bernd 2015). Viele Museen bieten etwa an bestimmten Tagen kostenlosen Eintritt. Inwiefern die Maßnahme Effekte auf eine Veränderung der Besucherstruktur hat, ist unklar.

Bezogen auf die vier Museumstypen stellt Kirchberg 1995 folgende Differenzierung fest: Insgesamt hat der höchste erreichte Bildungsabschluss einen deutlich höheren Effekt auf die Besuche von Museen als das Einkommen. Den größten Einfluss hat das Einkommen bei Wissenschafts- und Technikmuseen. Etwas geringer ausgeprägt ist er bei Naturkunde- und Naturwissenschaftlichen Museen – hier steigt allerdings die Besuchswahrscheinlichkeit mit steigendem Einkommen. Einen etwa ähnlichen Effekt hat das Einkommen auf die Besuchswahrscheinlichkeit von Kunst- und Geschichtsmuseen (vgl. Kirchberg 1996: 244ff.).

Das Museumspublikum hat eine höhere Stellung im Beruf

Selbstständige mit Unternehmen die 50 und mehr Beschäftigte haben sowie Freiberufler zählen zu denjenigen, die am häufigsten Museen besuchen, ebenso die Selbstständigen mit weniger oder keinen Beschäftigten, leitende Angestellte und Beamte im höheren Dienst sowie sonstige Angestellte und Beamte. Dies sind diejenigen Berufsgruppen, in denen die Befragten auch überdurchschnittlich häufig über eine akademische Ausbildung verfügen. Hier korrelieren folglich Stellung im Beruf mit höchstem erreichten Bildungsabschluss und von daher auch die höhere Wahrscheinlichkeit zu denjenigen Menschen zu zählen, die häufiger Museen besuchen.

Kirchberg ermittelt in der Befragung von 1995 einen stärkeren Einfluss der beruflichen Stellung auf die Besuche von Geschichtsmuseen als für Wissenschafts- oder Naturkundemuseen. Den größten Effekt hat die berufliche Stellung auf die Besuche von Kunstmuseen (vgl. Kirchberg 1996: 248f.).

Die Social Grades des Museumspublikums

Die Untersuchung der Sozialstruktur des Museumspublikums nach Social Grades wurde in Deutschland in der Form noch nie abgebildet. In Großbritannien hingegen werden die Besucherdaten in den öffentlich geförderten Museen differenziert nach den Social Grades erfasst. Die Social Grades wurden vor 50 Jahren von der National Readership Survey (NRS) eingeführt und bilden die Bevölkerung nach Stellung im Beruf und Haushaltseinkommen in den hier dargestellten Klassifizierungen A bis E ab (vgl. NRS 2016).

Wertet man die diesem Kapitel zu Grunde liegende Bevölkerungsumfrage nach den Kriterien der Social Grades aus, so sind in Deutschland die Museumsbesucher in den Kategorien ABC1E repräsentiert. Im Museumspublikum unterrepräsentiert sind hingegen die Menschen, die den Kategorien C2D zugeordnet werden können. Diese Darstellung wirft ein etwas anderes Licht auf das Ergebnis der vorherigen Auswertung, wonach diejenigen Befragten, die in ihrer beruflichen Stellung „sonstige Arbeiter" oder „Facharbeiter, Vorarbeiter, Polier, Handwerksgeselle" sind, am häufigsten zu den Nichtbesuchern zählen. Diese beiden Gruppen entsprechen 17,63 Mio. der deutschen Bevölkerung. Dagegen sind es nach den Social Grades in den Kategorien C2 (skilled manual workers) und D (semi-skilled manual workers) 23,89 Mio. Menschen, die Museen sehr viel seltener besuchen.

2.5.4 Lebensstile und soziale Milieus

Neben den soziodemographischen und sozioökonomischen Merkmalen bietet die Lebensstilforschung Ansätze zur differenzierteren Betrachtung des Kulturpublikums und des Kulturinteresses in der Gesellschaft. Unterschieden wird dabei in psychologische oder soziologische Lebensstilforschung (vgl. Müller 1989). Die Lebensstilanalysen ermöglichen, Wertvorstellungen, Verhaltensweisen, ästhetische Präferenzen, Denkmuster, Geschmacksmuster, Konsum- und Freizeitverhalten sichtbar zu machen. Für den Kulturbereich bekannt sind vor allem die Typologien von Bourdieu (Klassentheorie), Schulze (Erlebnismilieu), Gluchowski (9 Lebensstil-Typen nach politisch-moralischen Wertorientierungen), Mitchell (VALS-Typologie) als Typologie von Werten und Lebensstilen sowie die Typologie von Becker und Nowak (Lebenswelten), die besser bekannt ist als Sinus-Milieus (vgl. Bourdieu 1982, Mitchell 1983, Gluchowski 1988 Schulze 1992, Becker/Nowak 1982). Lebensstile und soziale Milieus eignen sich, um gesellschaftliche Phänomene näher zu beschreiben. Eine Metaanalyse von empirischen Lebensstiluntersuchungen verdeutlicht, dass sich die Vorlieben, Geschmacksäußerungen, Interessen und alltäglichen Verhaltensweisen in die drei von Schulze entwickelten Schemata, dem Hochkulturschema, dem Spannungsschema und dem Trivialschema zuordnen lassen (vgl. Stein 2006: 140). Daher seien diese nachfolgend in Erinnerung gerufen:

Abbildung 5: Alltagsästhetische Schemata nach Schulze

Alltags-ästhetische Schemata	typische Zeichen (3 Beispiele)	Bedeutungen		
		Genuß	Distinktion	Lebensphilosophie
Hochkultur-schema	klassische Musik, Museumsbesuch, Lektüre »guter Literatur«,	Kontemplation	antibarbarisch	Perfektion
Trivialschema	deutscher Schlager, Fernsehquiz, Arztroman	Gemütlichkeit	antiexzentrisch	Harmonie
Spannungs-schema	Rockmusik, Thriller, Ausgehen (Kneipen, Discos, Kinos usw.)	Action	antikonventionell	Narzißmus

(Alltagsästhetische Schemata im Überblick. Schulze 1995: 163)

Schulze ermittelt fünf Milieus: Niveaumilieu, Harmoniemilieu, Integrationsmilieu, Selbstverwirklichungsmilieu und Unterhaltungsmilieu. Die soziale Gruppe, die nach Schulze als Niveaumilieu beschrieben wird, ist auf das Hochkulturschema ausgerichtet; die als Harmoniemilieu beschriebene durch Nähe zum Trivialschema und Distanz zum Hochkulturschema gekennzeichnet. Diejenige Gruppe, die als Integrationsmilieu beschrieben wird, verbindet Hochkulturschema und Trivialschema und diejenige, die als Selbstverwirklichungsmilieu beschrieben wird, ist gekennzeichnet durch eine Nähe zum Hochkulturschema und zum Spannungsschema. Das Unterhaltungsmilieu ist weitgehend durch Nähe zum Spannungsschema gekennzeichnet (vgl. Schulze 1995: 283ff.).

Hinsichtlich der Zuordnung zu Schulzes Erlebnismilieus stellt Kirchberg in seiner Studie deutliche Unterschiede zwischen den Besuchern von Kunstmuseen und den von ihm ebenfalls untersuchten Museumstypen Geschichtsmuseen und Technikmuseen, sowie teilweise auch zwischen den Besuchern von Geschichtsmuseen und den Besuchern von Technikmuseen fest. Während Kunst- und Geschichtsmuseen häufiger von Personen aus dem Niveaumilieu und Integrationsmilieu besucht werden, besuchen Personen aus dem Harmoniemilieu häufiger Technikmuseen (vgl. Kirchberg 2005: 278). Die Wahrscheinlichkeit eines Kunstmuseumsbesuches liegt bei Personen des Niveaumilieus im Vergleich zu anderen Erlebnismilieus doppelt so hoch (vgl. ebd.). Maßgeblich für einen häufigeren Besuch aller drei Museumstypen ist der höhere Bildungsstand (vgl. ebd.).

Eine Metastudie untersuchte 100 Besucheranalysen unter Berücksichtigung des Lebensstilkonzepts von Bourdieu und der sozialen Milieus von Schulze. Darin wurde eine Differenzierung innerhalb des Kulturpublikums sichtbar. Diese zeigt einen Trend zu einer zunehmenden Elitisierung hinsichtlich der Kulturnutzung (vgl. Rössel/ Hackenbroich/ Göllnitz 2005: 232). Die Autoren ermitteln demnach eine Rangfolge des Grades der Elitisierung: An erster Stelle stehen hierbei die Musikfestspiele, gefolgt von klassischen Konzerten, Kunstmuseen, Opern, Theater und andere Museen (vgl. ebd.: 231).

Neben den Lebensstilen aus der Sozialforschung haben sich seit den 1980er Jahren in der kommerziellen Sozial- und Marktforschung unterschiedliche Modelle etabliert. Bekannt sind die SINUS-Milieus, entwickelt von SINUS Markt- und Sozialforschung GmbH, und die SIGMA Milieus, entwickelt von SIGMA Gesellschaft für internationale Marktforschung und Beratung mbH. Beide nehmen zur Beschreibung der Gesellschaftsstruktur eine Segmentierung der deutschen Gesellschaft in zehn verschiedene Milieus vor. Die SIGMA Milieus bilden die Basis für die folgende Auswertung (vgl. SIGMA 2017).

Das am stärksten repräsentierte Milieu unter den Museumsbesuchern ist das Liberal-Intellektuelle-Milieu, das am wenigsten repräsentierte Milieu ist das traditionelle Arbeitermilieu. Diese beiden Milieus werden der Anschaulichkeit halber näher charakterisiert:

Liberal-Intellektuelles-Milieu
Liberales Bildungsbürgertum und moderne Funktionseliten mit postmaterialistischer Orientierung. Hoher Stellenwert von Selbstverwirklichung und Ich-Identität in Beruf und Freizeit. Ablehnung von Äußerlichkeitswerten (man schätzt aber das Edle, Echte, Auserlesene).

Gediegene Altbauwohnung, gepflegter Lebensstil – und zu Jahresende eine Spende für amnesty international. Liberal-Intellektuelle schätzen sinnstiftenden Genuß auf hohem Niveau und politisches Engagement gleichermaßen.

Wichtig: Verantwortungsbewusster Umgang mit sich und der Welt, soziale Gerechtigkeit, ökologische und politische Korrektheit.

Traditionelles Arbeitermilieu
Industriegesellschaftlich geprägtes Arbeitermilieu, teilweise noch mit starker gewerkschaftlicher Bindung. Häufig sozial und politisch autoritär eingestellt (Verteidigung des Erreichten).

Mitgliedschaft im Arbeitersport- oder Taubenzüchterverein, selbstverständlich in der Gewerkschaft, der beschaulich-geregelte Feierabend in zahllosen Vereinsgaststätten, Schrebergärten und Laubenkolonien am Rande der großen Industriequartiere – die Welt des Traditionellen Arbeitermilieus, ein Jahrhundert lang festgefügt, löst sich allmählich auf – wie die Industriegesellschaft, die sie hervorbrachte.

Wichtig: materielle und soziale Sicherheit, Solidar- und Gemeinschaftswerte, bescheidener Wohlstand (Ascheberg 2006: 21 und SIGMA 2017).

Zwischen diesen beiden Milieus, die Extreme zwischen Besuchern und Nichtbesuchern markieren, existieren weitere Milieus, die es aus Museumssicht näher zu betrachten lohnt und die den Facettenreichtum der potenziellen Museumsbesucher deutlich machen. Eine ausführliche Beschreibung der jeweiligen Milieus ist auf der Website ersichtlich (s. ebd.). Nach wie vor wird in der Forschung diskutiert, inwiefern die Lebensstile die bisherigen Modelle zur Abbildung der Gesellschaftsstruktur ablösen. Anhand der bisherigen Forschung kann folgendes Fazit getroffen werden: „Lebensstile sind nicht losgelöst von den sozialen Positionen und den objektiven Lebensbedingungen zu verstehen, sondern werden innerhalb von sozialen Strukturen hervorgebracht, die nicht überschritten werden können" (Stein 2006: 141). Daher sind für den Kulturbereich vor allem die Erkenntnisse wichtig, „dass die Bildung den stärksten Effekt auf kulturelle Orientierung ausübt" und „(…), dass ein hoher beruflicher Status nur dann eine Neigung zu kulturbezogenen Freizeitaktivitäten unabhängig von der Schulbildung entfaltet, wenn dieser Beruf mit hohem kulturellen Kapital verbunden ist" (ebd.: 126).

2.6 Fazit: Museumspublikum in Deutschland

In diesem Kapitel wurden die wesentlichen Erkenntnisse aus der eigenen Datenauswertung anhand der Bevölkerungsumfrage für die Markt-Media-Studie sowie aus den derzeit öffentlich zugänglichen Studien über das Museumspublikum dargestellt. Demnach lassen sich folgende globale Aussagen treffen:

- Das Museumspublikum ist überproportional weiblich.
- Das Museumspublikum ist geringfügig älter als der Bevölkerungsdurchschnitt.
- Das ältere Museumspublikum ist männlich.
- Einige Museumstypen haben ein Besuchernachwuchsproblem.
- Das Museumspublikum ist überwiegend ein Akademikerpublikum.
- Je nach Museumstyp lassen sich unterschiedliche Sozialstrukturen in der Zusammensetzung des Museumspublikums erkennen.
- Das Museumspublikum ist in großen Städten zu Hause.
- Das Haushaltsnettoeinkommen des Museumspublikums liegt mit etwa 3.000 Euro über dem Bevölkerungsdurchschnitt.
- Das Museumspublikum hat eine höhere Stellung im Beruf.
- Arbeiter sind im Museum unterrepräsentiert.
- Die Social Grades des deutschen Museumspublikums sind ABC1E.
- Das Museumspublikum findet sich vor allem im Liberal-Intellektuellen-Milieu.

Wichtig wäre, die relevanten Daten kontinuierlich bereit zu stellen, und vom Umfang her und in der Form so aufzubereiten, dass es Führungskräften in Museen ermöglicht wird, sich einen Überblick über alle relevanten Entwicklungen und Ergebnisse zu verschaffen. Oder wie Eisenbeis es bereits 1980 formulierte: „Es ist zu hoffen – denn es wurde gerade von den Verantwortlichen der Museen immer wieder der Wunsch danach ausgesprochen –, daß in absehbarer Zeit eine systematische Zusammenfassung und regelmäßige Weiterführung der statistischen und soziologischen Materialien zum Museumsbesuch erfolgen kann, die dann eine hinreichende Grundlage für die Reflexion über das Verhältnis von Museum und Publikum und seinem Wandel darstellen könnten“ (Eisenbeis 1980).

Museen könnten zudem für die Planung ihrer Outreach-Strategie großen Nutzen daraus ziehen, wenn die ohnehin durchgeführten Bevölkerungsumfragen, um wenige spezifische Fragen ergänzt würden. Sinnvoll sind Abfragen, die es ermöglichen Aussagen nach Museumstypen zu differenzieren. Eine individuelle Analyse der Besucherstruktur in einzelnen Museen ist damit nicht zu ersetzen, jedoch wäre eine Verortung und Einschätzung der eigenen Lage auch in Relation zu gesamtgesellschaftlichen Entwicklungen möglich. Dennoch wird der dringende Handlungsbedarf für die Entwicklung neuer Museumskonzepte trotz der unzureichenden Datenbasis deutlich.

2.7 Museumspublikum in den USA und in Großbritannien

Der Blick auf internationale Forschungsergebnisse bestätigt die zentralen soziodemographischen Erkenntnisse, wonach die Wahrscheinlichkeit der Partizipation an kulturellen Angeboten entscheidend von den Faktoren Bildung und Einkommen abhängt (vgl. Kirchberg/Kuchar 2016: 576). Das Eurobarometer fasst aus einer Befragung von etwa 26.500 Teilnehmern aus den 27 Mitgliedsstaaten und Kroatien, das in jenem Erhebungsjahr der EU beitrat, folgende wesentlichen soziodemographischen Merkmale in Bezug auf Partizipation an kulturellen Angeboten zusammen: „In terms of socio-demographic factors, age, education, occupation and ability to pay bills are all linked to some degree with participation in cultural activities" (Eurobarometer 2013: 5).

Im folgenden Kapitel werden die Erkenntnisse über das Museumspublikum in den USA und in Großbritannien skizziert, da diese beiden Länder aufgrund der kontinuierlichen Outreach-Praxis in diesem Buch näher betrachtet werden. Außerdem wurden in einer Metaanalyse 55 internationaler Studien zur Kulturnutzung die Studien in den USA und in Großbritannien, neben der belgischen Studie ‚Cultuurkijkers' als besonders qualitätsvolle Studien hervorgehoben (vgl. Kirchberg/Kuchar 2013: 186).

2.7.1 Charakteristika des Museumspublikums in den USA

Für das Jahr 2014 wurde eine Zahl von 35.144 Museen in den USA geschätzt. In dieser Auflistung sind unter anderem botanische und zoologische Gärten, Planetarien und Aquarien enthalten (vgl. Institute of Museum and Library Services 2014). Die Museen in den USA verzeichnen jährlich 850 Mio. Besuche (vgl. American Association of Museums 2017).

In den USA liegt eine umfangreiche Forschung zur demographischen Entwicklung des Kulturpublikums, zum Kulturnutzungsverhalten und der Wirkungsforschung, in Bezug auf Rezeption und eigene künstlerischen Aktivitäten vor. Zudem werden Überlegungen dazu angestellt, wie digitale kulturelle Partizipation erfasst werden kann (vgl. NEA 2014). Seit 1982 wird hier die „Survey of Public Participation in the Arts" (SPPA) durchgeführt. Seither wurde die Befragung aufgrund neuer gesellschaftlicher Anforderungen stetig weiterentwickelt. Kontinuierlich erhoben und daher in der Studie als „benchmark" bezeichnet, werden Daten zu folgenden Aktivitäten: „Jazz events, classical music performances, opera, musical plays, non-musical plays, ballet, and art museums or galleries" (NEA 2015: 3).

In dieser repräsentativen Langzeiterhebung wird das Nutzungsverhalten von Erwachsenen in Bezug auf Kunstmuseen und Galerien abgebildet. 2012 lag für den Besuch von Kunstgalerien und Kunstmuseen der Anteil der Besucher mit Hochschulbildung bei knapp 84 Prozent (vgl. NEA 2015: 18). Die Studie erfasst neben dem Bildungsniveau auch Geschlecht, Alter, Einkommen, ethnische Herkunft und Wohnort. Die vorliegenden Forschungsergebnisse beschreiben folgende Charakteristika der Museumsbesucher: „The most striking evidence, however, is that the largest group, and the most overrepresented in comparison to their percentage within the general population, consists of the better educated, more affluent, white professional classes, with education the most important factor" (Black 2015: 125). Der Bericht des National Endowment for the Arts fasst die demografischen Daten wie folgt zusammen: „About 57 percent of people who went to art museums or art galleries in 2012 were women. Among adults who visited at least once in a 12-month period, two-thirds were younger than 55 years of age" (NEA 2015: 18). Einen Zuwachs verzeichnet die Gruppe derjenigen, die 75 Jahre und älter sind. „In 2012, the racial/ethnic group most likely to visit an art museum or gallery was non-Hispanic white, a change from 2002, when people of races and ethnicities other than white, African American, and Hispanic comprised the group most likely to attend". Die American Association of Museums kritisiert diese Form der Kategorisierung als unzureichend, um die Heterogenität der Bevölkerung abzubilden. „Unfortunately, imperfect as they are, the conventional categories of white, black, Asian, Hispanic, etc. are the categories that have been used to track demographics and cultural participation in the United States. If these group categories are insufficiently precise today, how well will they serve to mark group identities and shape experiences in the future?" (American Association of Museums 2010: 11). Umso kritischer ist die von Black weiter oben beschriebene Bezeichnung einer „white professional class" zu sehen.

Der Zusammenhang zwischen Bildungsniveau und Museumsbesuch wird auch hier sehr deutlich: „In the USA, among adults who visit an art gallery or art museum at least once a year, 80 percent have some college education, including 52 percent of those with graduate degrees visiting (NEA 2009)" (Black 2015: 125). Wenngleich sich diese Aussage rein auf Kunstmuseen beziehen lässt, da nur dieser Museumstyp Bestandteil der Abfrage ist.

Ein Blick in eine international vergleichende Studie der Kunstmuseumsbesucher in Deutschland und Amerika bestätigt dies. Demnach sind die Kunstmuseumsbesucher in beiden Ländern unter anderem in Bezug auf den prozentualen Anteil an der Bevölkerung, hohem Bildungsabschluss, Einkommen und einem höheren Anteil weiblicher Besucher vergleichbar. Allerdings ist der Altersdurchschnitt in Amerika sehr viel niedriger. Das führt der Autor auf eine ausgeprägtere Besucherorientierung und bessere Ansprache der jüngeren Generationen zurück (vgl. Kirchberg 1996: 251).

2.7.2 Charakteristika des Museumspublikums in Großbritannien

Mit der staatlich finanzierten Studie „Taking Part" wird in einer regelmäßigen, repräsentativen Umfrage die Bevölkerung zu ihrer kulturellen Partizipation befragt. Dazu werden Interviews mit etwa 10.000 Erwachsenen, sowie einer repräsentativen Anzahl an Interviews mit Kindern im Alter von 5 bis 10 und Jugendlichen im Alter von 11 bis 15, in Privathaushalten durchgeführt (vgl. Ipsos MORI 2017: 5). Seit 2005 werden die Daten zur Partizipation der Bevölkerung an Kunst, Museen und Galerien, Archiven, Büchereien, am Kulturerbe und Sport erhoben. Abgefragt werden die Häufigkeit der Teilnahme, die Beweggründe für die Teilnahme, die Hindernisse, die einer Teilnahme im Weg stehen und die Einstellung zu den verschiedenen Bereichen. Das gesamte Evaluationsdesign, die Fragebögen und die Daten stehen online für eigene Auswertungen zur Verfügung. In der langen Tradition der Besucherorientierung in Großbritannien werden als wesentliche Bedingungen für die Partizipation an Kulturangeboten folgende benannt: „Level of education attained", „Proximity of offer", „Family habits" (Torregiani 2016: 118). Wohingegen sich andere demografische Faktoren als weniger bedeutend erweisen: „Income, cultural background and other demographic factors are all much less significant than we might believe" (ebd.).

Das Online Tool der Taking Part Umfrage zur Kulturellen Partizipation der Bevölkerung ist für jeden Interessierten frei zugänglich und ermöglicht, die Daten nach spezifischen Gesichtspunkten auszuwerten. Für Museumsbesucher können folgende Daten extrahiert werden: 52,5 Prozent der Befragten zählten im Zeitraum 2015/2016 zu den Besuchern von Museen und Galerien. Die meisten Befragten, 30,6 Prozent, geben an, ein bis zwei Mal innerhalb der vergangenen zwölf Monate ein Museum oder eine Galerie besucht zu haben. Frauen waren geringfügig überrepräsentiert. In der Altersgruppe der 65- bis 74-Jährigen gaben mit 55,7 Prozent die meisten Menschen an, ein Museum oder eine Galerie innerhalb der vergangenen zwölf Monate besucht zu haben. Von denjenigen Befragten, die eine höhere Stellung im Erwerbsleben und ein höheres Einkommen haben (upper socio-economic group) gaben 61,5 Prozent an, zu den Besuchern zu zählen, während es in der anderen Gruppe (lower economic-group) 37,4 Prozent waren. Auf die Frage, welches die Gründe für eine gesteigerte oder für eine verringerte Anzahl von Besuchen waren, sind die fünf häufigsten Antworten die in der folgenden Übersicht dargestellten (Scharf 2017b).

Five reasons for increase:

1. There were (more) events that interested me in the last 12 months (15,7 percent)
2. I have more free time (14,3 percent)
3. Other reasons for more attendance (10,1 percent)
4. I wanted to introduce my child to a new activity or encourage my child's interest or learning (8,6 percent)
5. I enjoy doing the activity with other people or socialising through the activity (8,4 percent)

Five reasons for decrease
1. I had less free time (24,5 percent)
2. Your work demands increased (10,3 percent)
3. There were fewer or no events of interest to me (10,2 percent)
4. I developed health problems or disability (8,7 percent)
5. Childcare priorities took priorities over it (6,7 percent)

Aussagen zum Bildungsniveau werden zwar mit dem Fragebogen erhoben, die Daten sind in der Onlinedarstellung jedoch nicht abgebildet. Die ethnische Herkunft der Befragten wird in den beiden Gruppen „Black and minority ethnic" und „White" untergliedert, wobei von der ersten 42,9 Prozent und von der zweiten 53,2 Prozent angeben, Museen und Galerien besucht zu haben (vgl. DCMS 2015: 25). Es bleibt zu diskutieren, ob eine solche Klassifizierung, ähnlich wie das Label Migrationshintergrund, eine Stigmatisierung weiter verfestigt.

Darüber hinaus wird auch in Großbritannien deutlich, dass die Museumsbesucher jeweils nach Museumstypus differenziert betrachtet werden müssen. „The market for museums and galleries varies with different types of museums. Art galleries tend to attract more female than male visitors, and more highly educated visitors; science and transport museums attract more men than woman, and visitors tend to be less highly educated" (Hooper-Greenhill 1994: 66). Eine museumstypspezifische Auswertung ist mit dem Online-Tool nicht möglich. Die Besucherstrukturdaten werden differenziert nach sozioökonomischen Kriterien erfasst. Dafür wurde in Großbritannien das bereits zuvor erwähnte System der Social Grades eingeführt, das auch bei Besucherbefragungen in den Museen Anwendung findet. „Typischerweise sind die ersten drei Kategorien ABC1 in Museen besonders stark vertreten, während die Bevölkerungsgruppen der Kategorien C2DE tendenziell unterrepräsentiert sind" (Reussner 2009: 148). Diese Einteilung sowie der Fokus auf ethnische Minderheiten hat die Arbeit der Museen in Großbritannien beeinflusst: „Annual Funding Agreements with government obliged museums to both set and deliver on key performance indicators such as the number of audiences from social classes C2, D, E (lower socioeconomic classes), from black, Asian, and minority ethnic backgrounds and then, later, from people with disabilities" (Nightingale 2015: 600).

Eine weitere Untersuchung kommt zu dem Ergebnis, dass der Anteil der unterrepräsentierten Bevölkerungsgruppe in den staatlich geförderten Museen marginal gestiegen ist. „Despite free entry, there has been less than 1 % increase in proportion of visits made by C2DEs to DCMS-sponsored museums since 1998" (Morris/Hargreaves/McIntyre 2006: 23).

Diese minimalen Anzeichen von Veränderung erscheinen allerdings vor dem Hintergrund der sich im historischen Verlauf nur langsam entwickelnden Reformbewegungen in den Museen durchaus bedeutsam.

2.8 Fazit Museumspublikum

Die Kurzdarstellung der aktuellen Situation in den USA und in Großbritannien zeigt, dass hinsichtlich der Charakteristika des Museumspublikums ebenso wie auch in Deutschland der höchste erreichte Bildungsabschluss maßgeblich für die Partizipation ist. Die Besucher von Kunstmuseen sind in Bezug auf demographische und sozioökonomische Daten vergleichbar. Verschiedene Museumstypen werden nicht differenziert abgefragt.

Sowohl in den USA als auch in Großbritannien wird die kulturelle Partizipation in regelmäßigen Bevölkerungsumfragen erfasst, beide Länder legen einen weiten Kulturbegriff zu Grunde. Der Survey of Public Participation in the Arts (SPPA) und die Taking Part Studie sind öffentlich finanziert. In den USA wie auch in Großbritannien werden die Gründe für Nichtbesuche regelmäßig in den Blick genommen. Die Erhebungsdaten stehen in beiden Ländern für eigene Auswertungen zur Verfügung.

Während in Großbritannien in den Bevölkerungsumfragen keine explizite Erfassung von Museumsbesuchen erfolgt, werden diese in den USA für den Museumstyp Kunstmuseum abgebildet. Sowohl in Amerika als auch in Großbritannien besteht die Möglichkeit, die Entwicklung nach demographischen und sozioökonomischen Kriterien differenzierter darzustellen, so dass Veränderungstendenzen abbildbar werden.

Wenn zu Beginn die Frage gestellt wurde: „Was wissen wir über das Museumspublikum?“, so hat dieses Kapitel dazu beigetragen dieses Wissen zu bündeln und zu erweitern. Es zeichnet sich ab, dass bestimmte Museumstypen, wie etwa Technikmuseen, über ein höheres Potenzial verfügen, ein diverseres Museumspublikum anzuziehen. Das Thema Gewinnung von Nachwuchs erweist sich bereits heute als große Zukunftsaufgabe insbesondere von Kunstmuseen. Deutlich wird zudem, dass Museen seit jeher um eine diversere Besucherschaft bemüht sind und weiterhin Anstrengungen unternehmen müssen, um dieses Ziel zu erreichen. Dafür ist in den Museen die jeweilige Datenbasis zur Beschreibung der Ausgangslage individuell zu ermitteln.

3. Entwicklung von Outreach in Museen

Museen waren in der Vergangenheit stets bemüht die Diversität ihrer Besucher zu steigern. Insbesondere in den USA und in Großbritannien hat Outreach dabei eine lange Tradition wie im folgenden Kapitel vorgestellt wird.

3.1 USA und Europa

Den Ursprung hat Outreach in den USA. Das Field Museum of Natural History, das Naturkundemuseum in Chicago, eines der größten Museen der Welt, wurde 1893 als Columbian Museum of Chicago gegründet. Der Bildungsauftrag sowie der Outreach-Gedanke sind fest im Selbstverständnis des Museums verankert und Teil des Mission Statement. So heißt es in der Präambel: „Serving The Public As Educator" und später unter dem Punkt „Publics: Reaching Out: Field Museum serves diverse publics ranging from children, adults and families to the national and international research community. We reach out to our divers public and their changing educational needs. We have a special responsibility to reach out to the people of Chicago, neighbouring communities and the State of Illinois. Our visitors should reflect the cultural, educational and economic diversity of the Chicago metropolitan area. We must work collaboratively and sensitively with the people on our locality, country and world whose cultures and habitats are represented in our collections, research and public programs. In reaching out, the Museum must build on its long-standing tradition of „outreach" which takes its resources and programs to schools, parks, and communities." (Field Museum 1997: 4f.)

Outreach steht in den USA im Zusammenhang mit der Entwicklung der Bildungsarbeit der Museen. Der Bildungsgedanke zählte bereits von Anfang an zum Selbstverständnis der Institutionen. 1903 richtete das American Museum of Natural History mit seinem „School Service" ein Verleihangebot mit kleinen Ausstellungseinheiten für Schulen ein (vgl. American Museum of Natural History 1928: 96f.). Mit dem Beginn der Etablierung der Museumspädagogik in den Zwanzigerjahren werden weitere Outreach-Programme angeboten.

Auch im 1876 gegründeten Philadelphia Museum of Art hat Outreach eine lange Tradition: „The Phildelphia Museum's outreach efforts go back to the 1930s, when it established several satellite museums to which selections from the permanent collection's were circulated for audiences unlikely to visit the parent building" (Newsom/Silver 1978: 144). 1970 wurde das Department of Urban Outreach (DUO) gegründet, welches zahlreiche Aktivitäten in unmittelbarer Nachbarschaft des Museums initiierte. Aus dieser fast hundertjährigen Geschichte heraus ist der Outreach-Gedanke heute Bestandteil der täglichen Arbeit des Museums: „[...] the Museum reaches out to communities around the region to enhance and expand its mission of making art accessible to everyone" (Philadelphia Museum of Art 2017). Das spiegelt sich auch in einem umfangreichen Museumsprogramm mit Community Engagement, Outreach, Accessibility, Online Learning und Social Media wider (vgl. ebd.).

Outreach im heutigen Sinne hat sich in den USA ab Ende der 1960er-Jahre durchgesetzt (vgl. Hauenschild 1988: 60). Dies kann im Zuge der amerikanischen Bürgerrechtsbewegung gesehen werden und der damit verbundenen neuen Gesetzgebung, wie schon im Kapitel 1.3.1 näher erläutert.

> „Art museums were accused of being elitist, dominated by the rich and by a Western European aesthetic and cultural exclusiveness. That ignored most of the rest of the world and the heritage of large portions of the nation's own population. Museums responded in a variety of ways. The most common solution were „outreach" programs that sought to educate in a rather different sense of the term, the „other Americans" where they were – in community centers, on the streets, in churches, and in ghetto schools" (Newsom/Silver 1978: 16).

Bestätigt wird diese Entwicklung durch eine Studie über die Outreach- und Verleihprogramme amerikanischer Museen aus dem Jahr 1983. Fünf Prozent der Museen gaben an, ihre Outreach-Programme vor 1900 eingeführt zu haben und Dreiviertel der Museen etablierten sie ab 1960 (vgl. Fleisher Zucker 1983: 158).

Eine weitere Entwicklung im Zuge der Bürgerrechtsbewegung in den USA war die Neugründung der Nachbarschaftsmuseen (vgl. Waidacher 1999: 116). „Nachbarschaftsmuseen und ‚branch museums' wurden Ende der sechziger Jahre in solchen Bezirken amerikanischer Großstädte errichtet, in denen nach wie vor in erster Linie ethnische Minderheiten wie Afroamerikaner und Puertorikaner, das heißt benachteiligte Bevölkerungsgruppen, lebten. Zahlreiche soziale und wirtschaftliche Probleme sowie zum Teil menschenunwürdige Bedingungen bestimmten dort das tägliche Leben" (Hauenschild 1988: 60). Besonderes Merkmal der Nachbarschaftsmuseen ist die Verankerung in den sozialen Strukturen vor Ort durch den kontinuierlichen Kontakt mit der Bevölkerung (vgl. ebd.: 64).

Dieser Museumstypus trug zur Stärkung des Outreach-Gedankens sowie zu einem veränderten Verständnis von Outreach bei. Von den Anfängen bis zu den 1970er-Jahren beschrieb Outreach primär Maßnahmen von Museen, mit denen ein breiteres Publikum außerhalb des Museums erreicht und Nichtbesucher vor Ort aufgesucht wurden. Bestimmt durch gesellschaftliches Interesse und politische Forderungen verändert sich der Fokus der Outreach-Programme von Museen in den USA seit den 1980er-Jahren. Zwischen 1988 und 1999 ist eine deutliche Steigerung der Outreach-Aktivitäten zu verzeichnen: „Mehr denn je bemühen sich die amerikanischen Museen, integraler Bestandteil der Kommune zu sein. ‚Diversifizierung' und ‚Expansion' im Hinblick auf das Publikum sind Schlagwörter, die in vielen Tätigkeitsberichten zu diesem Themenschwerpunkt genannt werden"

(Schuck-Wersig und Wersig 1998:119). Die Entwicklung geht dahin, Outreach und die damit verbundenen Erfahrungen im Kontakt zu neuen Besuchern in die Organisationskultur des Museums zu integrieren. „A museum committed to a partnership with its communities will break stranglehold of its physical site and restricted opening hours and reach outward, beyond its walls, housed collections, „safe" history, and traditional audiences" (Black 2015: 141).

In Europa lassen sich ähnliche Tendenzen erkennen. Mit der Gründung des ersten „Eco-Musée" in Frankreich Beginn der 1970er-Jahre wurde das Konzept einer neuen Form des Museums realisiert, „das die Mensch/Umwelt-Beziehung in den Mittelpunkt der Betrachtung stellt" (Hauenschild 1988: 73). Diese Museen nehmen Bezug auf ihr lokales Umfeld, greifen die Themen für die museale Arbeit auf und beziehen die Bevölkerung aktiv in den gesamten Prozess und in die Organisationsstrukturen des Museums ein. Frankreich war Anfang der 1980er auch Ausgangspunkt für die „Neue Museologie", eine Bewegung, die das Konzept eines „neuen" Museums beschreibt. „Dem von der Neuen Museologie entworfenen Konzept nach definiert sich das ‚neue' Museum u.a. durch seine gesellschaftlich relevanten Zielsetzungen und Grundprinzipien. Die Arbeit ‚neuer' Museen als Bildungsinstitutionen zielt darauf ab, die Identität einer Bevölkerung bewusst zu machen und zu stärken, Vertrauen in das einer Bevölkerung eigene Entwicklungspotential zu schaffen" (ebd.: 93). Das neue Museum ist gekennzeichnet durch Offenheit, Publikumsorientierung, Dezentralisierung, Partizipation und Kooperation (vgl. ebd.: 90f.). Dieses Verständnis vom Museum im Dienste des Gemeinwesens bildet den Kern einer Outreach-Strategie.

In Großbritannien spiegelt sich diese Entwicklung in den 1990er Jahren wider. Mit der zunehmenden Bedeutung der gesellschaftlichen Verantwortung von Museen wurde weithin Outreach eingesetzt, um dieser Anforderung gerecht zu werden (vgl. Golding 2006: 4). Der britische Arts Council beschritt in seinem vom 1998 bis 2003 laufenden landesweiten Programm „New Audiences for the arts" neue Wege der Kulturvermittlung und initiierte Outreach-Programme an Orten wie Bahnhöfen, Krankenhäusern, Shoppingzentren oder im öffentlichen Nahverkehr. Es wurden verschiedene Strategien erprobt, um die Teilhabe an Kunst und Kultur zu erhöhen: „Many different approaches were tested to attract new audiences, from making the experience of attending less threatening, and developing outreach work tailored to specific groups, to changing the way in which work is presented" (Arts Council England 2004: 20). Outreach wird Mittel und Zweck zugleich: „[...] the socially engaged museum is now no longer to be conceived of as a building to which visitors are enticed, but as a service which tailors its work to different target audiences. As a result, outreach work has become an important means of service delivery, both as an end in itself, and as a way in which the museum can publicise itself" (Merriman 2004: 95).

In dieser Zeit wurden mit Hilfe von Outreach-Programmen neue Sammlungen entwickelt, sowie bestehende Sammlungen hinterfragt. „New collections have been created, mostly through outreach programs in which museums have worked in partnerships with minority communities combining oral histories with collecting, while existing collections have been re-assessed for their relevance to communities" (Black 2015: 139).

3.2 Deutschland

Die Entwicklung des Outreach-Gedankens in Deutschland folgt – bedingt durch die historische Entwicklung – einer anderen Dynamik als im anglo-amerikanischen Raum. Als erster selbstständiger Museumsbau zwischen 1768 und 1779 kann das Fridericianum in Kassel angesehen werden (vgl. Handschuh 1986: 70, Hochreiter 1994: 9). Den Ursprung des modernen Museums in Deutschland markiert jedoch die Fertigstellung des Alten Museums 1830 in Berlin (vgl. Hochreiter 1994: 47). Während in den Fürstenmuseen, die oftmals in privaten Räumen untergebracht waren, durch begrenzte Öffnungszeiten und Kleiderordnung eine privilegierte Besucherschaft zugelassen wurde, sollte mit dem ersten öffentlichen Museumsbau die kulturelle Bildung formal allen frei zugänglich gemacht werden. Ganz frei war der Zugang indes nicht: „Der Zugang war 1830 durch königliche Kabinettsordre in der Weise geregelt, daß drei Tage in der Woche für Künstler und Fachleute reserviert waren, während an den übrigen drei Wochentagen eine unentgeltliche Kartenausgabe an das allgemeine Publikum stattfand" (Klein/Bachmayer 1981: 20). Die Umsetzung des Humboldtschen Bildungsideals und die darin enthaltene Idee der Veredlung des Menschen durch die Kunst führte zu einer Ästhetisierung des Museums (vgl. Hochreiter 1994: 49). Damit verbunden war eine „isolierte, kontemplativ ritualisierte Erfahrung der hohen künstlerischen Ideale" (ebd.: 183). Diese Form der Rezeption entsprach eher „der beruflichen Realität der Beamten und der Bildungsbürger, deren Arbeit den symbolischen Umgang mit Dingen vollzog und daher eine andere Wahrnehmungsweise erforderte" (ebd).

Ein neuer Museumstypus sollte dieses Missverhältnis überwinden. Die zweite Gründungsphase der Museen, Mitte des 19. Jahrhunderts, war vom bürgerlichen kulturgeschichtlichen Museum geprägt, das in seiner Konzeption auf ein breites Publikum zielte und bei der Wahl der Objekte einen Sammlungsschwerpunkt auf regionale kulturgeschichtliche und alltägliche Gegenstände legte (vgl. ebd. 1994: 184ff.). In einer dritten Gründungsphase nach 1871 kam mit dem Kunstgewerbemuseum ein weiterer Typus hinzu (vgl. ebd.: 187). „Im Mittelpunkt der Bildungsarbeit der kunstgewerblichen Museen stand also die Schulung von Handwerkern, Kleingewerbetreibenden und Unternehmern zur „Geschmacksverbesserung" der Produkte, um sie dem historisch geprägten Zeitgeschmack der bürgerlichen Oberschicht anzupassen und um die Waren künstlerisch aufzuwerten und international konkurrenzfähig zu machen" (ebd: 188). Mit dem South Kensington Museum, dem heutigen Victoria & Albert Museum, wurde das erste Kunstgewerbemuseum in Großbritannien bereits 1852 eröffnet (vgl. Klein/Bachmayer 1981: 26). Ab den 1880/90er-Jahren differenzierten sich weitere Museumstypen, wie das Völkerkundemuseum, das Heimatmuseum und das Sozialmuseum aus (vgl. Hochreiter 1994: 191). Diese Museen sollten eine integrierende Funktion innehaben. „Ende des 19. Jahrhunderts ließen sich erstmals ausgedehnte Bemühungen konstatieren, die Museen auch der Arbeiterschaft und den Unterschichten zugänglich zu machen, die zuvor im Publikum stark unterrepräsentiert waren. Die Organisationen der Volksbildungsbewegung erfassten im Rahmen ihrer Bemühungen, die Arbeiterschaft an Wissenschaft und Kultur heranzuführen und in die bürgerliche Gesellschaft zu integrieren, auch den Museumsbereich als spezifischen Bildungsort" (ebd.). Im Zuge der Volksbildungsbewegung fanden die Museen Wege zu einer breiteren Öffentlichkeit. „Im Zusammenhang mit den Aktivitäten des Arbeiterbildungsvereins öffneten sich die Museen, u.a. auch die Heimatmuseen, einem breiteren Publikum und versuchten – nach dem Vorbild von Museen in Amerika, Skandinavien, und England – immer mehr, ihrem Bildungsauftrag gerecht zu werden" (Roller 1976: 46ff. zit. bei Hauenschild 1988: 375).

In Bezug auf Heimatmuseen stellt es sich so dar, „daß in der Zeit von 1900 bis circa 1940 mehr als 40% des heutigen Bestandes an Heimat und Stadtmuseen entstand. [...] Insgesamt machen Heimat und Regionalmuseen mehr als ein Drittel aller bundesdeutschen Museen aus" (Klein/Bachmayer 1981: 25). Vor allem dieser Museumstypus wurde im ersten wie im zweiten Weltkrieg für politische Zwecke missbraucht (vgl. Hauenschild 1988: 376ff., vgl. Hochreiter 1994: 192, vgl. Kuntz 1996). „Statt in populärer Form kritische Aufklärung zu vermitteln geriet das Heimatmuseum immer mehr in den Sog der Vaterlandsverehrung" (Hauenschild 1988: 376). Ausführlich erläutert Kuntz die Entwicklung, die verschiedenen Tendenzen und Veränderungen der Volksbildungsbewegung, sowie die Instrumentalisierung der Heimatkundemuseen als Kriegsmuseen und zur Verbreitung nationalsozialistischer Rassenideologien (vgl. Kuntz 1996).

Die Volkskunde- und Heimatkundemuseen zählen heute mit über 2.000 Einrichtungen zu dem am meisten verbreiteten Museumstyp. Obwohl mit etwa 15 Mio. Besuchen scheinbar stark frequentiert, entsprechen die Besuchszahlen, umgerechnet auf die Vielzahl an Häusern, jedoch überwiegend einer geringen Zahl an Besuchen pro Museum. Über 50 Prozent der Museen in Deutschland und insbesondere die Volkskunde- und Heimatkundemuseen verzeichnen im Jahr 2015 nur jeweils maximal 5.000 Besuche jährlich (vgl. IfM 2016: 28f.).

Als einer derjenigen, der mit seinem Schaffen die aufsuchende Kulturarbeit von Museen in Deutschland angestoßen hat, kann Emil Adolf Roßmäßler, der Mitbegründer des ersten Arbeiterbildungsvereins 1860 in Leipzig, gelten. Bei seinen Wandervorträgen hatte er Anschauungsmaterial in Form von Bildern im Gepäck (vgl. Kuntz 1996: 23). Dabei ging es ihm vor allem um die Vermittlung naturwissenschaftlichen Wissens. „Um naturwissenschaftliches Wissen zu verbreiten, wird Roßmäßler nicht nur 'Volkslehrer', sondern er versucht auch naturwissenschaftlich orientierte Bildungsvereine – die sogenannten Humboldtvereine – ins Leben zu rufen" (ebd.: 13). Aus diesen Vereinsversammlungen gehen häufig Museen hervor (vgl. ebd.: 15).

Das erste Wandermuseum Deutschlands initiiert Julius Post mit seinen Erfahrungen im Volksmuseum Göttingen. Dort erreichte er erfolgreich das Ziel, den Arbeitern die Wissenschaft auf ansprechende und anschauliche Weise näher zu bringen. Mit der Idee des Wandermuseums wollte er diesen Ansatz an möglichst viele Orte bringen. 1876 wird nach Gründung einer Kommission das fertige Wandermuseum erstmalig in Hannover ausgestellt (vgl. ebd.: 41). „Alles überhaupt, was das Volksmuseum enthält, soll nicht bloß den Gelehrten oder den höchst gebildeten Kreisen zugänglich sein, sondern sämtlichen Kreisen ohne Ausnahme, das ist die echt volkstümliche Idee dieser Sammlung" (ebd.: 43f.).

Jahre später findet diese Idee Eingang in die Museen. Auf der Konferenz „Die Museen als Volksbildungsstätten", die 1903 von der Zentralstelle der Arbeiter-Wohlfahrt-Einrichtungen in Mannheim veranstaltet wurde, sagte Alfred Lichtwark: „Die Museen, die dem ganzen Volke offen stehen, die allen zu Dienste sind und keinen Unterschied kennen sind Ausdruck eines demokratischen Geistes" (Hauenschild 1988: 376). Somit war Lichtwark der „erste, der in Deutschland die Chance des Kunstmuseums als Bildungsort gegenüber dem nur für Sammeln und Bewahren genutzten Museum aktiv wahrnahm" (Handschuh 1986: 90). Auch andere, gerade Museumsleiter in Berlin, wollten zu der Zeit in Berlin Änderungen voranbringen. Trotzdem ist zu sagen: „Obwohl von den Initiativen Tschudis, Bodes, Justis und – im Bildungsbereich – Lichtwarks Impulse nicht nur zu deutschen, sondern auch ausländischen Museen gingen, blieb die Reformdiskussion um eine publikumswirksamere Museumslandschaft unbefriedigend. Zum einen fehlte die finanzielle Unterstützung für notwendige Ausstellungsräume, zum anderen fürchteten zu sorgsam bedachte Museumsleiter das Publikum, dem man nun wertvolle Kunstwerke aus dem Magazin ‚ausliefern' sollte" (ebd.: 92).

„Im Zuge der Öffnung und Demokratisierung der Museen gewann die Museumspädagogik weiter an Bedeutung und mit deren fortschreitender Institutionalisierung ab den 1970ern entwickelte sich die Vermittlungspraxis besucherfreundlich weiter" (Scharf 2010). Dieser Modernisierungsprozess war neben der Entwicklung der Museumspädagogik geprägt durch alltagsgeschichtliche Ausstellungsthemen, Inszenierungen, eine erlebnisorientierte Ausstellungsgestaltung und den Einsatz von Neuen Medien (vgl. Hoffmann 1996: 13ff., vgl. Graf 1996: 29). Mit dem Museumsboom seit den 1980ern wird das Museumserlebnis zum „performativen Akt" (Korff 2007: XVII) und die Rezeptionssituation wird wichtiger als die Objekte. Die Anforderungen, die sich durch die gesellschaftliche Entwicklung an die Museen stellen, geraten immer wieder in ein Spannungsverhältnis zwischen Autonomie und Innovation. Die Herausforderung der Demokratisierung liegt damals wie heute in der Schaffung einer Balance zwischen „elitärer Abstoßung" und „populistischer Umarmung" (Glaser 1996: 43).

Die vorangegangenen Abschnitte skizzierten Ansätze von Outreach – im Sinne des in Deutschland noch dominierenden Verständnisses von Outreach als einer Form der aufsuchenden Kulturarbeit – als ideengeschichtliches Konzept zur Öffnung der Museen. Der Begriff „Outreach" wurde im deutschen Museumsdiskurs erstmals 1997 im Rahmen eines internationalen Workshops zum Thema Museumsbesuch im Multimedia-Zeitalter als Marketinginstrument diskutiert (vgl. Schuck-Wersig/Wersig 1998). Dieses Verständnis von Outreach im Kontext von Marketing wurde um den Gedanken der Demokratisierung erweitert, indem Outreach im Zuge der Digitalisierung ein großes Potenzial zugesprochen und als Instrument zur Öffnung der Museen mittels des Internets verstanden wurde (vgl. Reussner 2009: 64). 2008 kam Outreach im Sinne der aufsuchenden Kulturarbeit in Form eines mobilen Museums, als Vorbild für einen systematisch und strategisch entwickelten Outreach-Ansatz auf die Agenda deutscher Museen (vgl. Scharf 2010). Die Weiterentwicklung der Outreach-Strategie des Jüdischen Museums Berlin führte zur Gründung der ersten Outreach-Abteilung in einem deutschen Museum. Seither erfahren die in Outreach angelegten Prinzipien der Museumsarbeit eine steigende Beachtung, wenngleich der Begriff nicht immer verwendet wird.

Der Deutsche Museumsbund empfiehlt in seinem Leitfaden zum Umgang mit Migration und kultureller Vielfalt die aufsuchende Kulturarbeit als Methode zur Kontaktaufnahme zu Migrantenorganisationen und Kooperationspartnern zur Stärkung der Zusammenarbeit (vgl. Deutscher Museumsbund 2015: 29). Seit einiger Zeit wird Outreach auch im Kontext von Empowerment-Prozessen verortet: „Kulturelle Ermächtigung bedeutet, Menschen dazu zu befähigen, sich an gesellschaftlichen Entwicklungsprozessen zu beteiligen […]. Konkret heißt das, vor allem Menschen, die bislang nicht im Fokus der Aufmerksamkeit von kulturellen Einrichtungen und Projekten standen, einzuladen, […] bzw. diesen überhaupt erst einen Zugang zu kulturellen Einrichtungen im Sinne des Outreach-Gedanken zu ermöglichen" (Föhl/Wolfram 2016: 38).

Outreach ist historisch betrachtet ein geeigneter Ansatz, wenn es darum geht Veränderungsprozesse in der Museumspraxis, die eine Beziehung von Museum und neuem Publikum herstellen sollen, professionell zu gestalten. Im angloamerikanischen Raum wird Outreach über die aufsuchende Kulturarbeit hinaus häufig als strategisches Instrument zur Veränderung der Organisationskultur einer Kultureinrichtung verstanden. Dort ist Outreach in zahlreichen Museen und anderen Kultureinrichtungen etabliert und Outreach-Manager, Outreach-Kuratoren und Outreach-Abteilungen sind Bestandteil der Museumsarbeit.

Mehrere Beispiele zeigen, dass dieses Verständnis auch in Deutschland zunehmend in den Fokus rückt: Im Juli 2016 wurde von den Staatlichen Museen zu Berlin – Stiftung Preußischer Kulturbesitz (SMB) erstmalig eine Kuratorenstelle für Outreach ausgeschrieben. Der Kurator für Outreach soll aus kuratorischer Sicht Inhalte, Themen und Konzepte erarbeiten, die übergreifend in die kuratorische Arbeit der Sammlungen des Bode-Museums implementiert werden. In Form von innovativen Präsentationen und Vermittlungsformaten sollen somit bisher nicht erreichte Zielgruppen angesprochen werden. Die Kulturstiftung des Bundes und die Staatlichen Museen zu Berlin starteten im Jahr 2016 gemeinsam diese Initiative zur Stärkung der Vermittlungsarbeit in Museen (Kulturstiftung des Bundes 2017). Damit verbunden ist die Einrichtung des Lab.Bode, eines modellhaften Vermittlungslabors am Bode-Museum, das über vier Jahre mit Berliner Schulen zusammenarbeitet, sowie die bundesweite Förderung von 18 wissenschaftlichen Volontariaten im Bereich Vermittlung an Museen. „Darüber hinaus sorgt eine Kuratorin mit dem Schwerpunkt ‚Outreach' für die Verzahnung des Vermittlungslabors mit allen Arbeitsabläufen des Bode-Museums, im Sammlungsrundgang entstehen eigene Räume für Vermittlung" (ebd.).

Im Dezember 2016 war eine Stelle für einen wissenschaftlichen Mitarbeiter mit Schwerpunkt Outreach in der Abteilung Bildung/Kommunikation der Generaldirektion der Staatlichen Museen zu Berlin – Preußischer Kulturbesitz ausgeschrieben. Aufgabe des Stelleninhabers ist „die wissenschaftliche Entwicklung einer Gesamtkonzeption für die Bildungs- und Vermittlungsarbeit mit diversen Nutzergruppen (Outreach)" (Stiftung Preußischer Kulturbesitz 2016) für das Museum für Islamische Kunst in enger Zusammenarbeit mit der Leitung und den wissenschaftlichen Mitarbeitern sowie dem Direktor und den Kuratoren des Museums. Beide Ausschreibungen deuten ein Verständnis von Outreach als Instrument zur Veränderung der Organisationskultur an: eine strukturelle Verankerung der Positionen in der Organisationskultur ist ebenso vorgesehen wie die enge Anbindung an die Führungsebenen. Interessant wird die Beobachtung sein, inwiefern die neu zu entwickelnden Konzeptionen über die reine Bildungs- und Vermittlungsarbeit hinaus auch Einfluss auf die übrige Museumspraxis und Sammlungsarbeit nehmen wird.

Neben den oben angeführten Stellenausschreibungen wurden im Dezember 2017 drei Kuratorenstellen für Outreach am Berliner Brücke-Museum, dem Bröhan-Museum und dem Haus der Wannseekonferenz in Berlin ausgeschrieben. Die Stiftung Berliner Mauer schrieb ebenfalls Ende 2017 die Stelle eines wissenschaftlichen Mitarbeiters mit dem inhaltlichen Schwerpunkt Outreach aus. Alle Stellenausschreibungen lassen einen Fokus auf eine diversitätssensible Organisationsentwicklung erkennen. In den Stellenausschreibungen ist die Erarbeitung und Umsetzung von Konzepten und Strategien hin zu einer diversitätsorientierten Publikumsentwicklung ebenso Bestandteil der Aufgabenbeschreibung wie „die Zusammenarbeit mit Schulen, Bildungseinrichtungen und verschiedenen, z.B. stadtteilbezogen arbeitenden Partnern zu verstärken und eine Vernetzung mit unterrepräsentierten Communities auf- und auszubauen" (Stiftung Berliner Mauer 2017). Die Stiftung Berliner Mauer beschreibt Outreach in ihrer Stellenausschreibung als Querschnittsfunktion und sieht es als Aufgabe des zukünftigen Stelleninhabers, die „Erfordernisse der Outreacharbeit als Querschnittsaufgabe an Mitarbeiter*innen und Leitung der Stiftung Berliner Mauer zu vermitteln sowie Erfahrungen aus diesem Tätigkeitsfeld in die Arbeit der Stiftung (hinsichtlich Arbeitsabläufen, Strukturen und Programmen) rückzuführen" (ebd.). Auch dem

Brücke- und dem Bröhan-Museum ist dieser Aspekt besonders wichtig: Bestandteil der Arbeit der Outreach-Kuratoren wird es sein, die „Rückführung von Erfahrungen aus der Outreacharbeit in die Arbeitsabläufe und Programme des Museums" zu gewährleisten und somit aktiv zu einem Organisationsentwicklungsprozess hin zu mehr Diversität beizutragen (Brücke-Museum/Bröhan-Museum 2017).

Zu der historischen Entwicklung des Outreach-Gedankens bis hin zu diesen aktuellen Tendenzen in der deutschen Museumslandschaft gehört ebenso die Entwicklung von konkreten Outreach-Formaten. Diese sollen im Folgenden dargestellt werden.

3.3 Outreach-Formate

Neben den „analogen" und „greifbaren" Outreach-Formaten in Form von Verleih-Boxen, sogenannten Loan Boxes, Museumskoffern und mobilen Museen eröffnete sich den Museen ab Anfang der 1990er Jahre durch die Möglichkeiten der Digitalisierung ein neuer Aktionsradius für ihre Outreach-Arbeit. Diesen nutzten sie ab Ende der 1990er-Jahre anhand von Webseiten und später dann Sozialen Medien. Die Digitalisierung aller Gesellschaftsbereiche ist ein rapide fortschreitender Prozess. Outreach unterstützt den Aufbau der Beziehung zu neuen Besuchern und neue Formen der Kommunikation im digitalen Raum durch die Entwicklung vielfältiger neuer Programme, Formate und Initiativen. In Bezug auf den Status Quo digitaler Outreacharbeit in Museen kann derzeit unterschieden werden zwischen verschiedenen Anwendungsmöglichkeiten und entsprechenden Nutzungsszenarien, die mithilfe digitaler Technologien entstanden sind und die hier dargestellt werden: Webseiten, Social Media, Apps, Digitale Sammlungen, MOOCs und Digitale Strategien.

3.3.1 Loan boxes, Museumsboxen, Museumskoffer

Outreach hatte zunächst den Charakter der aufsuchenden Kulturarbeit. Inhalte aus Museen wurden in unterschiedlichen Formaten so aufbereitet, dass sie unabhängig vom Museum an verschiedenen Orten – mit oder ohne Begleitung durch Museumspersonal – zum Einsatz kommen konnten. Eine der ältesten Formen von Outreach in Museen sind „loan boxes" (vgl. Merriman 2004: 95). Das Children's Museum of Boston, gegründet 1913, hat das Hands-on-Prinzip, das Museum anhand von Objekten erfahrbar macht, in die Schulen gebracht. Das Museum etablierte ein Kits Department, in dem „Loan Exhibits and Materials" entwickelt wurden und in Loan Departments ausgeliehen werden konnten. 1964 begann im Children's Museum of Boston die Serienproduktion der Museumskoffer. Das Museum war damit Impulsgeber für zahlreiche weitere Museen, Kits Departments einzurichten sowie Museumskoffer anzubieten (vgl. Gach 2005: 15). Die Entwicklung von didaktischen Museumskoffern, wie sie unserem heutigen Verständnis entsprechen, ist ein weltweites Phänomen und kann als Teil der allgemeinen Pädagogisierung im musealen Kontext gesehen werden (vgl. ebd.: 14).

In Deutschland zählt das Deutsche Hygiene Museum in Dresden ab den 1920er-Jahren mit mobilen Unterrichtseinheiten zu den ersten Museen, die Schulen Materialien zur Verfügung stellten. Weiter verbreitete sich das Konzept des Museumskoffers ab den 1970er-Jahren im Zuge der Gründungen von Kindermuseen (vgl. ebd.: 13, 22). Mit der Entstehung des Museumskoffers etablierte sich eine Methode, das Museum außer Haus zu präsentieren. Die Museumskoffer erlebten nicht zuletzt aufgrund der Anforderungen hinsichtlich der Ansprache und Einbeziehung weiter Teile der Bevölkerung einen Aufschwung (vgl. Merriman 2004: 95).

3.3.2 Mobile Museen

Mobile Museen haben ihren Ursprung und weite Verbreitung in großen Flächenländern mit geringer Museumsdichte. Wie etwa in den USA oder in Australien. Eher vereinzelt und sporadisch sind sie in Europa zu finden. Mobile Museen werden teilweise mit begehbaren Wanderausstellungen verglichen: „The beauty of a mobile museum is that it can give an idea of the atmosphere of a museum, something a box of materials cannot do. Varying in size from small caravan to an articulated lorry, mobile museums provide a blank space that can be filled with artefact and wall displays specific to particular needs" (Talboys 2005: 111). Oder sie werden verstanden als Transportmittel für mobile Wanderausstellungen: „Some type of van, bus, or vehicle outfitted to bring portable exhibits from the museum to the school or classroom" (Cutler 2009: 88). Beide Male wird eine Art Bus beschrieben mit Raum für Objekte und andere museale Präsentationsformen (Scharf 2010).

Die folgenden Beispiele geben einen Einblick in die Varianten von mobilen Museen weltweit. Diese gelten als vollwertige museale Angebote mit einer erweiterten Funktion zur dezentralen Ansprache neuer Besucher. Eines der ersten Museumsmobile in den USA wurde 1949 vom Illinois State Museum eingesetzt und war 22 Jahre lang in Betrieb (vgl. Gach 2005: 25, vgl. Illinois State Museum 2011).

Wenige Jahre später, 1953, schickte das Virginia Museum of Fine Arts das erste mobile Kunstmuseum, das „Artmobile", auf Reisen. Im Zeitraum von über 40 Jahren wurden 60 Ausstellungen mit bedeutenden Originalen namhafter Künstler gezeigt, darunter Gemälde, Bronzen, Skulpturen, Porzellan und später auch Videoarbeiten (vgl. VMFA Artmobile Exhibition History).

Das Museum verfügte bereits im Vorfeld über 70 Wanderausstellungen und fand mit dem klimatisierten und nach höchsten musealen Ansprüchen ausgestatteten

Abbildung 6: Mobiles Museum, Deutsches Hygiene Museum Dresden

1933, Besucherandrang vor dem Hygiene-Auto auf seiner Ostgrenzlandfahrt, Hygiene Museum Dresden, DHMD 2006/506

Truck einem Weg, die häufigen Ausstellungen schonender für die Kunstwerke zu gestalten. An den wechselnden Orten wurden die Fahrer-Kuratoren jeweils von Ausstellungspersonal unterstützt. Die Nachfrage war enorm und viele der Besucher hatten zuvor in ihrem Leben noch nie ein Museum betreten und ein originales Kunstwerk gesehen. Dem Museum ist es damit gelungen, Kunst leichter zugänglich zu machen (vgl. Christison 1955). Bis 1966 kamen drei weitere Artmobiles hinzu, die alle dem ersten Modell ähnelten. Ziel dieses Outreach-Programms war: „To bring art to the people of Virginia along with interpretetive materials that make it meaningful and enjoyable" (Newsom/Silver 1978: 156).

Um mehr Menschen Zugang zu seinen Museen zu verschaffen existiert seit 1980 das Programm „Musée-hors-les-murs" mit einem „Muséobus" und Museumskoffern in der Region Wallonien-Brüssel. Seit 2003 präsentiert der Muséobus wechselnde Themenausstellungen mit einer Laufzeit von zwei Jahren. Ermöglicht werden diese durch Leihgaben aus verschiedenen Museen der Region. Der Muséobus wird als Wandermuseum oder Ausstellungssaal auf Rädern beschrieben. Der 17 Meter lange Sattelschlepper besteht aus einem Ausstellungsteil und einem Bereich mit Sitzgelegenheiten für Videovorführungen. Das Angebot steht Besuchern kostenlos zur Verfügung. 2005 wurde ein neuer, modernisierter Muséobus in Betrieb genommen (vgl. portail.wallonie.museum 2017).

Kulturgüter aus Museen in mobiler Form zu zeigen hat auch in Deutschland eine lange Tradition. Die ersten mobilen Ausstellungen wurden 1930 vom Deutschen Hygiene Museum in Dresden (DHMD) auf den Weg gebracht und leisteten deutschlandweit einen Beitrag zur Gesundheitsaufklärung (vgl. Gach 2005: 24). „Die Schwerpunktthemen dieser oftmals umfangreichen beweglichen Ausstellungen in umgerüsteten Lastwagen und Zelten waren Geschlechtskrankheiten, Tuberkulose, Säuglingspflege" (Schulte 2001: 69f.). Eine weitere Innovation war die Produktion von Kopien wichtiger Exponate in den museumseigenen Werkstätten für die Wanderausstellungen, die schließlich weltweit verkauft wurden (vgl. ebd.: 70).

„Das DHMD setzte seit der II. Internationalen Hygiene-Ausstellung Dresden 1930 einen Bus für Wanderausstellungen vorwiegend für das Publikum im ländlichen Raum ein. Der Wagen enthielt einen Strom-Generator und ein Filmvorführgerät. Ein auf dem Dach zusammengelegtes Zelt ließ sich binnen 90 Minuten in einen Ausstellungsraum verwandeln. Nach 1945 präsentierte sich das Museum mit Wanderpavillons in kriegszerstörten Städten. Ein Pavillon hatte die Gestalt des DHMD in vereinfachter Form. Dieses Modell stand von 1950 bis 1961 in Berlin hinter dem Bahnhof Friedrichstraße und wurde in diesem Zeitraum von 950.000 Menschen besucht. Ein anderer Pavillon entstand durch die Verbindung von insgesamt sechs Lastwagen. Es handelte sich um Spezialfahrzeuge mit aufklappbaren Zugängen wodurch ein überdachter Pavillon mit einer Ausstellungsfläche von rund 360 Quadratmetern entstand. Für die Konstruktion zeichnete der LOWA Waggonbau VEB Werdau in Sachsen verantwortlich" (Roeßiger 2011).

Im Zuge der Öffnung und Demokratisierung der Museen und der wachsenden Bedeutung der Museumspädagogik wurde eine unüberschaubare Fülle an mobilen Kunst- und Kulturvermittlungsprojekten entwickelt (vgl. Scharf 2010: 2).

3.3.3 Satellitenmuseen

Wie schon im historischen Teil dieser Publikation angeführt, haben Satellitenmuseen eine lange Tradition. So hat beispielsweise das Philadelphia Museum schon in den 1930er Jahren mehrere Satellitenmuseen eröffnet. Der damalige Direktor war davon überzeugt, dass dies die Zukunft von Museen sei. „Fiske Kimball, then director of the museum, wrote in a 1931 museum bulletin of his belief that the future of museums lay in their extension, in the manner of branch libraries, to various parts of the city" (Newsom/Silver 1978: 144). Dass er Recht behalten sollte, zeigt ein regelrechter Boom an Gründungen von Satellitenmuseen mit lokaler, nationaler oder internationaler Ausdehnung. Dabei kann grob zwischen drei unterschiedlichen Schwerpunkten von Satellitenmuseen unterschieden werden: Erstens die lokale Ausdehnung, in denen Sammlungen dezentralisiert wurden. Zweitens Satellitenmuseen, die staatlich oder über EU-Mittel finanziert, Kunst und Kultur in strukturschwache Regionen bringen, um diese infrastrukturell zu entwickeln, sowie den Zugang zu Kunst und Kultur für die dortige Bevölkerung zu ermöglichen. Drittens

Satellitenmuseen, die als Prestige-Projekte in strategischen Allianzen primär dazu beitragen, für die Stammhäuser Fundraising zu betreiben sowie der globalen Markenprofilierung zu dienen. Die verschiedenen Zielsetzungen können sich überlagern. Für alle Ausprägungen von Satellitenmuseen kann von einer Erweiterung des Wirkungsradius des Stammmuseums gesprochen werden. Es sind vor allem die international renommierten Häuser, die auf diese Art ihren Wahrnehmungsgrad erweitern.

Als Beispiel für die Ausdehnung können die Satellitenmuseen des Philadelphia Museums gelten. Aber auch in anderen Städten wurden Sammlungen an verschiedene Orte verlagert. So etwa in Berlin wo bis zur Wendezeit vier Museumszentren in verschiedenen Stadtteilen entstanden und zudem zahlreiche Satelliten (vgl. Heilmeyer 2014: 76). Oder aber das „MoMA P.S.1", das für eine andere Form der Ausdehnung des Museum of Modern Art (MoMA) steht. Es wurde 1971 von Alanna Heiss ursprünglich als Institute for Art and Urban Resources gegründet und machte sich einen Namen mit Ausstellungen, Veranstaltungen und Performances zeitgenössischer Kunst an ungewöhnlichen Orten (vgl. Backoefer 2015: 92). 1976 kam eine ehemalige leerstehende Schule, die „Public School 1" als fester Ausstellungsort hinzu. Im Jahr 2000 wurde die dann unter dem Namen P.S.1 Contemporary Art Center bekannte Institution eine Schwesterorganisation des MoMA mit dem Ziel mehr Menschen für zeitgenössische Kunst zu begeistern. „The principal objective of MoMA's partnership with MoMA PS1 is to promote the enjoyment, appreciation, study, and understanding of contemporary art to a wide and growing audience. Collaborative programs of exhibitions, educational activities, and special projects allow both institutions to draw on their respective strengths and resources and to continue shaping a cultural discourse" (MoMA P.S.1 2018). Neue Wege ging auch das Rijksmuseum Amsterdam. Es eröffnete als erstes Museum im Jahre 2002 ein Satellitenmuseum in einem Flughafen. Das Rijksmuseum Schiphol im Amsterdamer Flughafen ist 24 Stunden am Tag geöffnet, der Eintritt ist frei und gezeigt werden originale Kunstwerke des Museums aus dem 17. Jahrhundert.

Das älteste Beispiel für die zweite Ausprägung des Satellitenmuseums, ist die Gründung der Tate Liverpool in einem ehemaligen Speichergebäude in den Albert Docks. Diese Gründung im Jahre 1988 fiel in einen allgemeinen Prozess der Umstrukturierung der ehemaligen Liverpooler Docks zu einem kulturellen Zentrum. Dieser Prozess der kulturellen Aufwertung einer im wirtschaftlichen Niedergang begriffenen Arbeiterstadt diente einerseits dazu, den Tourismus zu befördern. Andererseits kann Tate Liverpool jedoch durchaus als eine Form von Outreach verstanden werden, zugunsten der Menschen, die in dieser Region wenig Zugang zu Angeboten im Kunstbereich hatten.

Das wohl berühmteste Beispiel für Satellitenmuseen ist das Guggenheim Museum, dessen erstes Franchise 1997 in Bilbao durch den Bilbao-Effekt bekannt wurde. Dieser Begriff entstand, da der Museumsbau der Stadt dazu verhalf, zu einem Tourismusmagneten zu werden und als Kulturinfrastrukturprojekt weitreichende Effekte auf die Stadtentwicklung und das ökonomische Wachstum hatte (vgl. Grincheva 2017: 186). Es liegen Evaluationen vor, die diese vereinfachte Darstellung widerlegen, wenngleich es sich seitens der Stadt um eine größer angelegte Infrastrukturstrategie mit einem starken Fokus auf Kultur handelte (Janes 2016: 388ff.). Zudem wurden viele Stimmen laut, die die Praxis des Museums als zu profitgetrieben kritisierten (vgl. zum Beispiel Wyma 2014). Das Museum profitierte durch Einnahmen aus dem Franchisevertrag, durch die Übertragung der Nutzungsrechte für den Namen, die Beratung und Leihgaben sowie die Steigerung der Attraktivität der Marke durch den erhöhten Bekanntheitsgrad (vgl. Grincheva 2017: 185). Guggenheim Museen bestehen derzeit in New York, Venedig und Bilbao. Weitere Niederlassungen in Berlin und Las Vegas wurden bereits wieder geschlossen. Daraus wird deutlich, dass der Bilbao-Effekt sich nicht beliebig vervielfältigen lässt. Auch wenn die Strategie und teilweise die Ausstellungspraxis kritisiert werden, ist die große Reichweite nicht von der Hand zu weisen. Im ersten Jahr nach der Eröffnung verzeichnete das Guggenheim Bilbao 1,3 Mio. Besuche. Die Besuchszahlen haben sich seitdem bei rund 1 Mio. eingependelt (vgl. Statista 2018). Ein weiteres, in Planung befindliches Projekt das Guggenheim in Abu Dhabi, soll nach den kritischen Stimmen eine völkerverständigende Ausrichtung erhalten: „In line with the rhetoric that has surrounded all the Guggenheim global projects, the Abu Dhabi venture is not just about tourism. It is about increasing crosscultural understanding and forging greater understanding between nations" (Ostling 2007: 7). Das Guggenheim Bilbao kann insofern der zweiten Art von Satellitenmuseen zugeordnet werden. Der ihm zugeschriebene Erfolg hat dazu beigetragen, die dann folgenden Projekte stärker in Form von strategischen Allianzen weiterzuentwickeln.

Die Gründungen der Satellitenmuseen des Musée du Louvre haben ebenfalls jeweils unterschiedliche Schwerpunkte. Als Ausdehnung zu verstehen ist das erste Projekt. 2012 eröffnete im nordfranzösischen Lens das Musée du Louvre-Lens: „Die Stadt mit gut 30.000 Einwohnern im Departement Pas-de-Calais ist, vom Fußballclub abgesehen, vor allem bekannt für das, was sie früher einmal war: Ein Zentrum des Kohleabbaus, der industriellen Produktion und Eisenbahnknotenpunkt in Frankreichs Norden. Davon ist wenig geblieben. Lens zählt heute zu den ärmsten Kommunen Frankreichs, mit grassierender Arbeitslosigkeit und steter Abwanderung. [...]. Damit soll nun Schluss sein. Anfang Dezember wird das Museum Louvre-Lens eröffnet – ein Ableger des weltberühmten Pariser Mutterhauses. Nach dem Vorbild der Tate-Galerie in Liverpool oder dem Rezept des Museums Guggenheim im spanischen Bilbao soll die kulturelle Neuansiedlung das angeschlagene Image der Krisenregion aufbessern und eine ökonomische Renaissance der gesamten Region mit anschieben" (Simons 2012). Waren anfangs die Besuchszahlen noch hoch, gehen sie momentan stark zurück: „Statt der erhofften 750.000 Besucher waren im ersten Jahr mehr als 900.000 gekommen. Doch der Effekt des Neuen ist verpufft. Im Jahr 2015 wurden nur noch 400.000 Besucher registriert" (dpa 2016). Über den Aspekt des Tourismusmarketings hinaus, trägt das Musée du Louvre-Lens im Sinne von Outreach dazu bei, Menschen dieser Region Zugang zu Kunstwerken von nationaler Bedeutung zu ermöglichen. Etwas anders sind die Beweggründe für den 2017 eröffneten Ableger des Louvre in Abu Dhabi, der als strategische Allianz vor allem einen Schwerpunkt auf das Fundraising und die Markenprofilierung setzt: „Die knappe Milliarde Euro, die Abu Dhabi bis 2037 dem Louvre und den zwölf beteiligten französischen Museen für Leihgaben und für diverse Dienstleistungen zahlen wird, dürfte in Projekte fließen, die normalerweise das Kulturministerium zu tragen hätte – etwa in den Bau einer Louvre-Reserve in Lens oder die Renovation der Fassaden-Rolltreppe des Centre Pompidou" schreibt die Frankfurter Allgemeine Zeitung anlässlich der Eröffnung im November 2017 (Zitzmann 2017). Trotz aller Kritik konnten durch den Satelliten des Louvre in Abu Dhabi Menschen erreicht werden, die bisher keine Berührung mit Museen hatten, zudem kommt mit internationaler Verständigung und Stärkung der Auslandsbeziehungen eine politische Dimension hinzu. Btihaj Ajana zieht in einem Artikel über den Louvre in Abu Dhabi in der Fachzeitschrift Museum & Society der University of Leicester folgendes Fazit: „I conclude that the United Arab Emirates and other neighbouring countries have an excellent opportunity for innovation in the cultural field if they are willing to critically and ethically found their cultural developments on an ethos of inclusivity, openness, experimentation, non-exploitation and curatorial courage" (Ajana 2015: 316).

Auch wenn Outreach in dem in dieser Publikation verstandenen Sinne nicht in jedem Fall der Beweggrund für das Eingehen der strategischen Allianzen zur Eröffnung von Satellitenmuseen darstellt, so ist die Wahrscheinlichkeit gegeben, nicht zuletzt durch die hohe mediale Aufmerksamkeit, einen erweiterten Personenkreis anzuziehen und somit Menschen anzusprechen, die bisher nicht zum Museumspublikum zählen. Das Format der Satellitenmuseen an sich hat das Potenzial, wirkliches Community Outreach – ob nun hinsichtlich der lokalen oder globalen Öffentlichkeit – darzustellen, wenn die Merkmale von Partizipation und sozialer Inklusion in die Umsetzung einbezogen werden.

3.3.4 Distance-Learning-Programme

Distance Learning ist die Vermittlung musealer Inhalte durch die technischen Möglichkeiten und Medien des jeweiligen Zeitalters und hat eine lange Tradition in großen Flächenländern mit geringer Museumsdichte: „Museums have engaged in distance learning since the advent of the lantern slide. In the first decade of the twentieth century many museums served as the central administrative unit(s) for visual instruction by [their] distribution of portable museum exhibits, stereographs, slides, films, study prints, charts, and other instructional materials [...]. However, in the twenty-first century, distance learning is almost synonymous with online learning or digital learning" (Kraybill 2015: 97). Folgende Formen und Vermittlungsformate können unterschieden werden: Die einfachste Form ist die Bereitstellung von Lehr- und Lernmaterialien beispielsweise für Lehrer, um Inhalte und Themen des Museums im Klassenzimmer vermitteln zu können. Eine andere Methode, um mit Schülern trotz räumlicher Distanz in Kontakt zu treten, ist die

Bereitstellung von Videokonferenz-Einheiten unterstützt durch Museumsmitarbeiter (vgl. Cutler 2009: 88). Eine weitere Form von Distance Learning ist das Angebot von Kursmaterialien, Vorlesungen und Lehrgängen.

Schon vor der Einführung des kommerziellen Internets entwickelten Museen Distance Learning Programme, um mit Menschen außerhalb ihrer Institution in Kontakt zu treten: „Historically, distance learning offered by museums was limited to outreach programs, trunks, or traveling exhibits, but recent advances in technology have resulted in focused attempts by museums to keep up with the pace of changes to include mobile applications, webaccessible graphics, videos, Education papers, social networking to encourage dynamic interaction, and interactive games and simulations, including virtual worlds" (Bontempi 2012: 13).

Distance Learning Angebote können insofern als Vorläufer von digitalem Outreach gesehen werden. Digitales Outreach kann mittels verschiedener Kanäle, Applikationen und Strategien erfolgen.

Dabei wird im Folgenden deutlich, dass die reine Nutzung digitaler Medien seitens der Museen nicht gleichzusetzen ist mit einer durch den Outreach-Gedanken geprägten Strategie, neue Besucher zu erreichen.

3.3.5 Webseiten

„Das Metropolitan Museum zählt jedes Jahr um die 6 Mio. Besucher. Über die Website finden 40 Mio. Menschen zu den Inhalten des Hauses, über die sozialen Medien sind es 92 Mio., die entsprechende Impulse auffangen und teilen. Spannend an diesen Zahlen sind vor allem die Relationen und die Perspektiven, die sich dahinter aufzeigen. Statistisch gesehen haben die Museen ihr größtes Publikum im digitalen Raum. Was bedeuten aber solche Horizonte für die eigentliche Idee des Museums im 21. Jahrhundert?" (Gries 2017). Welche neuen Möglichkeiten bieten das Internet und digitale Technologien, eine diversere Besucherschaft anzusprechen und zu involvieren? Die seit Anfang der 1990er-Jahre stattfindende EVA Konferenz – Electronic Visualisation and the Arts Conference – und die seit 1997 an wechselnden Orten weltweit stattfindende Museums and the Web Konferenz thematisieren das Potenzial des Internets und seiner Technologien aus diversen Perspektiven. Im deutschsprachigen Raum bietet unter anderem die jährlich seit 2002 stattfindende MAI Tagung – Museums and the Internet – ein Forum für den fachlichen Austausch. Das Potenzial des Internets zur Erweiterung des Aktionsradius und Erschließung neuer Besuchergruppen wurde bereits 1999 thematisiert: „Im Sinne der Distributionspolititik bietet das Internet die Möglichkeit, jeden Online-Besucher zu erreichen, der das Museum, weil er etwa weit entfernt lebt, nicht besuchen kann" (Qubeck 1999: 61ff.).

Das Institut für Museumsforschung des Deutschen Museumsbundes (IfM) untersuchte 2001, 2008 und 2013 die Internetpräsenz und -nutzung deutscher Museen im Rahmen der jährlich stattfindenden bundesweiten Erhebung und stellt fest, dass fast alle Museen im Jahr 2013 über Internetpräsenzen verfügen: „Der Anteil der deutschen Museen ohne Internetpräsenz lag im Jahr 2013 bei 6%. Für 2008 waren es knapp 9% und sieben Jahre zuvor, im Jahr 2001, noch über 20%. Ein Großteil der Museen, die noch nicht im Internet vertreten sind, gehört in die Gruppe der Museen mit bis zu 5.000 Besuchen. Nach Museumsarten sind Museen ohne Internetpräsentation am häufigsten bei den Volks- und Heimatkundemuseen und den Kulturgeschichtlichen Spezialmuseen zu finden" (IfM 2014: 51). Im Rahmen der Erhebung wurden die Inhalte der Webseiten abgefragt und es kann auch für das Jahr 2013 noch festgestellt werden, dass die überwiegende Zahl der Museen ihre Webpräsenzen für Marketing und Öffentlichkeitsarbeitszwecke nutzt: „Einige, aber nicht sehr viele Museen haben sich bereits dazu entschieden, durch ihre Internetseiten mit den Besuchern zu kommunizieren. So erlauben Newsletter (20,7%) die direkte Ansprache und Einladung eines potenziellen Stammpublikums. Online-Foren und elektronische Gästebücher bieten den Besuchern eine direkte Rückmeldung an die Museen" (ebd.: 59).

Reine Informations-Webseiten können nicht per se als Outreach mit digitalen Formaten bezeichnet werden und tragen nicht automatisch zu einer höheren Diversität der Besucherschaft, ob online oder in den Institutionen, bei. Webseiten sind Kommunikationsinstrumente, die jedoch eine bestimmte Haltung in Bezug auf Diversity im Museum transportieren können. Elemente wie Bildsprache, Typographie und ein auch für nicht museumsaffines Publikum verständlicher Sprachstil sind wichtige Elemente, um über eine Webseite als Outreach-Instrument neues Publikum anzusprechen.

In einigen Institutionen im angloamerikanischen Raum hat bereits ein Umdenken stattgefunden: Webseiten werden nicht mehr als uni-direktionale Informations- und Kommunikationsplattformen konzipiert und umgesetzt, sondern als Interaktions- und Lernportale.

Die britischen Tate-Galleries gelten hier als Vorreiter: Der gesamte museumspädagogische Bereich – ob in den Häusern oder online – wurde in „Tate Learn" umbenannt; das Lernen unterschiedlicher Gruppen zu ermöglichen ist zentrales Ziel des Mission Statements. Zur Umsetzung dieses Ziels wurde im Rahmen der digitalen Strategie ein eigenes Online-Lernportal konzipiert und umgesetzt. „Digital Learning explores the learning processes and practices that are enabled through digital technology; investigating what they offer, particularly in relation to learning through art and with artists. Digital Learning is an experimental growth area at Tate evolving strategically through each of our Learning programmes" (Tate 2017a).

Erklärtes Ziel der Tate Galleries ist es, durch ihre digitalen Aktivitäten auch Zielgruppen zu erreichen, die bisher nicht zu den Besuchern der Häuser gehören: „Through embracing digital activity and skills across the organisation Tate aims to use digital platforms and channels to provide rich content for existing and new audiences" (Tate 2017b).

Die Tate Galleries zeigen beispielsweise auf ihrem Lernportal verschiedene Bevölkerungsgruppen Großbritanniens beim Besuch der Ausstellungen. Die Sprache ist allgemein verständlich und viele der bereitgestellten Medien beginnen mit der Frage „Was hat Kunst mit mir zu tun?" und schaffen so einen Anknüpfungspunkt an die Lebenswelten der digitalen Besucher. Um diesen Lebensweltbezug zu gewährleisten wurde in der Digitalen Strategie 2013 ein „audience-centred and insight-driven approach" für die Produktion medialer Inhalte gewählt, der seitdem konstant evaluiert und verbessert wird (ebd.).

3.3.6 Social Media

Ab dem Jahrtausendwechsel entstanden durch die neuen Medien und Technologien des sogenannten „Web 2.0" bis dato ungekannte neue Möglichkeiten der globalen, virtuellen Mobilität, Distribution von Inhalten und sozialer Interaktion. Statt des Begriffs „Web 2.0" wird heute meist von „Sozialen Medien" gesprochen. Gemeint sind Medien im Internet, deren Grundprinzipien durch Partizipation, soziale Interaktion und aktive Beteiligung der Nutzer bestimmt sind. „Die Begriffe Social Media, partizipative Medien oder auch Web 2.0 beschreiben bestimmte Anwendungen und Plattformen im Internet, die es jedem einzelnen Besucher ermöglichen, sich ohne großen Aufwand mit anderen Anwendern zu vernetzen und eigene Inhalte ins Web zu laden. […] Das Interessante am Einsatz von sozialen Medien im Museumskontext ist die Möglichkeit der direkten Kontaktaufnahme mit dem Publikum auch außerhalb der eigenen Institution und das geht weit über den Einsatz von Social Media als Ankündigungsplattform für Veranstaltungen hinaus" (Vogelsang 2012: 203). Kaplan und Haenlein stellten für den Begriff der Sozialen Medien 2010 folgende Klassifizierung auf und unterscheiden zwischen Kollektivprojekten, wie beispielsweise Wikipedia; Blogs und Microblogging-Plattformen, wie beispielsweise Twitter; Content Communities, wie YouTube oder Vimeo; Sozialen Netzwerken wie Facebook und Virtuellen Welten wie beispielsweise World of Warcraft (vgl. Kaplan/Haenlein 2010: 62ff.).

Das Institut für Museumsforschung stellte im Rahmen seiner Erhebung 2014 Folgendes zur Nutzung von Social Media fest: „Etwa ein Drittel der Museen ist bei Facebook vertreten, eine Kommunikation auf Twitter bieten 8,6 % der Einrichtungen" (IfM 2014: 59). Meist dient die Nutzung sozialer Medien im musealen Kontext primär Marketing- und nur sekundär Vermittlungszwecken. Die meisten Social-Media-Initiativen sind seitens der Institutionen uni-direktional konzipiert.

Eine Ausnahme bilden hierbei die institutionenübergreifenden Initiativen Ask a curator (vgl. MarDixon 2017) und tweetUps (vgl. Praske 2016 und Gries 2013). Diese Formate greifen durchaus die Möglichkeiten der bi-direktionalen Kommunikation auf, richten sich jedoch primär an ein interessiertes und museumsaffines Publikum. Sie haben nicht das ausdrückliche Ziel, neue und bislang unterrepräsentierte Besucher zu gewinnen und zu involvieren. Auch wenn Initiativen wie Ask a Curator in vielen Institutionen durchaus zu einem Umdenken der kuratorischen Rolle führen können, ist damit nicht die Hauptintention verbunden, die Deutungshoheit abzugeben.

Outreach-Strategien dienen stärker der Ermittlung von Interessen und Bedürfnissen bisheriger Nicht-Besucher als der Vermittlung von institutionellen Inhalten. Ein gutes Beispiel für eine digitale Outreach-Strategie in Deutschland ist die in diesem Buch vorgestellte Initiative Stadtlabor unterwegs des Historischen Museums Frankfurt. Das Museum sucht Wege, um die Interessen und Bedürfnisse der Frankfurter Bürger, die bislang im Historischen Museum nicht präsent sind, kennenzulernen. Im Rahmen der Initiative geht das Museum in den Stadtraum und erforscht zusammen mit den Bürgern die Stadt und ihre Geschichte(n), die ab Ende 2017 im Museumsportal gesammelt und gezeigt werden. Das Portal ist Teil der neuen Dauerausstellung Frankfurt Jetzt!, die sich partizipativ mit der Gegenwart der Stadt beschäftigt. „Auf einer digitalen Frankfurt-Karte können Audio-, Video-, Bild-, und Textbeiträge hochgeladen und mit der Community geteilt werden. So entsteht online eine wachsende, kollaborative Sammlung von ortsspezifischem Frankfurt-Wissen. Eine wechselnde Auswahl wird an Medienstationen im Museum gezeigt werden" (Historisches Museum Frankfurt 2017).

3.3.7 Apps

Der derzeit am deutlichsten zu beobachtende Trend in der Vermittlungs- und Outreacharbeit in Museen ist die Entwicklung von Apps. Im regelmäßig vom New Media Consortium herausgegebenen Horizon-Report wurde der Entwicklung von Museums-Apps schon 2013 ein großes Potenzial eingeräumt (vgl. New Media Consortium 2013). Unter www.museumsapps.de finden sich aktuell über 150 Apps von und über Museen im deutschsprachigen Raum. Im Rahmen der MAI-Tagungen werden jährlich innovative Apps vorgestellt (vgl. MAI-Tagung 2017).

Eine App kann den räumlichen Aktionsradius der jeweiligen Institutionen stark erweitern, beispielsweise in den öffentlichen Stadtraum. Ebenso bieten Apps die Möglichkeit, die Vergangenheit beziehungsweise eine imaginierte Zukunft für den Nutzer erfahrbar zu machen. Viele Apps arbeiten mit Strategien der Augmented Reality, indem museale Objekte durch technische Geräte um eine zusätzliche räumliche oder zeitliche Realitätsebene erweitert werden. Meist sind jedoch auch die von Kultureinrichtungen neu entwickelten Apps nicht partizipativ konzipiert. Das bedeutet, es wird weder ein Upload von Inhalten gewünscht noch findet ein

Feedback im Sinne eines Beta-Testings durch die Nutzer statt. Auch werden die Inhalte vieler Apps nicht eigens für neue, bislang unterrepräsentierte Zielgruppen entwickelt. Ein gutes Bespiel hierfür ist die App museum.de, in die Informationen von tausenden Museen deutschlandweit einfließen. Die Beschreibung im Google Playstore macht deutlich, an welche Zielgruppe sich die App richtet: „Die App ist der mobile Begleiter für kulturinteressierte Menschen, die gerne Museen und Ausstellungen besuchen" (Google Playstore 2017).

Einen anderen Weg ist das Jüdische Museum Berlin gegangen, indem es mit Schülern der Refik-Veseli-Schule aus Berlin-Kreuzberg gemeinsam in einem partizipativen Prozess eine App entwickelt hat. „Die Schnitzeljagd per App führt zu Orten des Widerstands in Berlin-Kreuzberg und dreht sich um Fragen wie »Wen sehen wir im Stadtraum? Wen nicht? Welche Geschichten werden erzählt?«" (Jüdisches Museum Berlin 2017a). Der Radius der App ist der das Museum umgebende Stadtraum, die Zielgruppen sind die Bewohner des Stadtteils. Ziel ist es nicht, mehr Besucher für das Museum zu gewinnen, sondern mithilfe der App auf Themen aufmerksam zu machen, die sowohl im Museum selbst als auch im die Institution umgebenden Sozialraum Relevanz haben.

3.3.8 Digitale Sammlungen

Im Kontext der Digitalisierung werden museale Inhalte beispielsweise in Form von lizenzfreien, digitalen Sammlungen zur Verfügung gestellt, die prinzipiell von jedermann und überall besucht werden können, sofern eine Internetverbindung und ein internetfähiges Endgerät zur Verfügung stehen. Hierbei ist jedoch genau zu untersuchen, ob mit den entwickelten digitalen Formaten neue Besuchergruppen angesprochen werden sollen: „Ein Schwachpunkt vieler Konzepte gerade im Bereich der Onlinesammlungen: die Instrumente und Zielgruppen erscheinen oftmals noch nicht ausdifferenziert. In der Folge werden kulturinteressierte Laien oder Experten fast unterschiedslos mit komplexen Rechercheinstrumenten oder Objektinformationen im Zwischenraum von Inventarnummer, wissenschaftlichem Beschreibungstext und hochauflösendem Digitalisat bespielt" (Gries 2017). Zudem fehlt bei sehr vielen der aktuellen Digitalisierungsprozesse ein Konzept zur – partizipativen und kollaborativen – Nutzung der Digitalisate und zur Vermittlung der digitalen Kulturgüter im Sinne kreativer Aneignungsprozesse der Besucher/Nutzer (vgl. Gries 2017).

„Dass museale Erweiterungsbauten im virtuellen Raum eine sinnvolle Ergänzung sind, haben große Museen längst begriffen – und der Netzgigant Google sowieso" (Scheer 2016). Das Google Art Project des Google Cultural Institute digitalisiert die Bestände vieler Museen weltweit und stellt Kulturinstitutionen neben der Plattform auch Werkzeuge und Programme für digitales Storytelling zur Verfügung. Zu den Partnern gehören beispielsweise das British Museum, der Louvre und das MoMa in New York. Die von der Europäischen Union initiierte Plattform Europeana bietet mehr als 50 Mio. Werke und bündelt ihre Bestände thematisch. Sowohl die virtuellen Ausstellungen des Google Cultural Institutes als auch der Europeana wirken jedoch sehr linear und schöpfen häufig die Möglichkeiten noch nicht aus, die im Rahmen des digitalen Storytellings in virtuellen Ausstellungen möglich wären. Eine Ausnahme im deutschsprachigen Raum stellt hier das Naturkundemuseum Berlin dar, dessen virtuelle Ausstellung 276 Objekte enthält. Das Besondere an der Präsentation des Naturkundemuseums im Google Art Project sind 22 exzellent erzählte digitale Geschichten, unter anderem „Die Streifen des Zebras. Warum das Zebra Streifen hat und wie Wissenschaft funktioniert" (Naturkundemuseum Berlin 2017).

Obwohl die virtuellen Ausstellungen des Google Art Projects und der Europeana prinzipiell jedem Besucher weltweit offenstehen, sprechen beide Projekte aufgrund der Präsentationsweise und vielfach fehlenden didaktischen Aufarbeitung der Kunstwerke primär ein kunst- und kulturinteressiertes Publikum an. Die Partnermuseen verfolgen in der Regel mit diesen Kooperationen nicht das Ziel, digitale Outreach-Strategien zu implementieren und über den Weg der Sammlungsdigitalisierung und des digitalen Storytellings neue Besuchergruppen anzusprechen.

Eine digitale Outreach-Strategie kann die Diversität der Online-Nutzer gezielt steigern helfen, wenn die Formate über die reine Bereitstellung von Sammlungsdigitalisaten hinausgehen. Ein herausragendes Beispiel für digitales Outreach unter Einbeziehung lokaler Communities in ganz Großbritannien ist das Pilotprojekt „The Archives & Access learning outreach programme", in dem die Tate Galleries die Potenziale einer sinnvollen Verknüpfung von Sammlungsdigitalisierung und innovativen pädagogischen Ansätzen erforschen. Ziel des Programmes ist es, neue Instrumente, Zugangskonzepte und Methoden zu entwickeln, um die digitalen Sammlungen für neue Zielgruppen in ihrer Lebenswelt nutzbar zu machen. Dadurch soll vermieden werden, dass mit der digitalen Sammlung nur fachwissenschaftliche Experten und kulturinteressiere Laien erreicht werden. In Kooperation mit fünf lokalen Partnerorganisationen werden Strategien entwickelt, um gezielt und landesweit neue Besuchergruppen aus diversen Communities anzusprechen. „The Archives & Access learning outreach programme is one of the ways in which Tate is exploring how people might interact and learn with the newly digitised archive collections and the new Albums feature and resources on the website. [...] Tailored projects led by artists at each partner organisation explore local and national heritage and examine how Tate's online archive collections and local archives can be used for learning with and about art, artists and heritage" (Tate 2017c).

3.3.9 MOOCs

Das Potenzial von MOOCs für die Museumsarbeit wurde im angloamerikanischen Raum 2013 erkannt: „The recent development of MOOCs (massive open online courses) can provide museums with valuable possibilities for education, community outreach and multi-disciplinary collaboration" (Greenfield 2013). Ein MOOC – ein Akronym für „Massive Open Online Courses" – ist ein E-Learning Kurs, der Videoelemente und andere Lernressourcen sowie Community-Funktionen wie Wikis und Foren bereitstellt. Die Teilnehmerzahl ist nahezu unbegrenzt. Der Zugang ist einfach, selbsterklärend, intuitiv und in der Regel kostenfrei: Es ist keine formelle Einschreibung notwendig. Der Nutzer kann flexibel, selbstbestimmt und bedarfsbezogen auswählen. Während eines Kurses können je nach Engagement Teilnahmenachweise und darüber hinaus durch die Bearbeitung von Aufgaben und Tests auch Leistungsnachweise gesammelt werden. MOOCs reihen sich in die Geschichte der Fernkurse ein, die sich mit der Entwicklung der Medientechnik an die neuen Vermittlungsmöglichkeiten anpassten – von Radiosequenzkursen während der 1940er-Jahre über Skript- und Email-Kurse der 1970er bis 1990er-Jahre. MOOCs verbinden im Zeitalter des ubiquitären Internets die Präsentation multimedialer Inhalte mit Formaten des sozialen Netzes, wie beispielsweise kommunikativem Austausch in Foren oder Kollaboration im Rahmen eines Wikis und erweitern somit das traditionelle E-Learning.

Der Erfolg der ersten MOOCs und das weltweite Medieninteresse führten in den USA zur Gründung mehrerer MOOC-Plattformen, wie beispielsweise www.udacity.com, www.coursera.org oder www.edx.org. Zur rasanten Verbreitung von MOOCs trug auch das starke Wachstum der Khan-Universität bei, die mit wenigen Nachhilfe-Videos im Jahr 2004 startete und heute ein breites Angebot an Kursen für Schul- und Studieninhalte bereithält. (vgl. hierzu: Treeck et al.: 2013 und Bershadskyy et al.: 2013)

In Deutschland fand diese Entwicklung leicht verzögert statt und führte 2013 zur Gründung der ersten deutschen MOOC-Plattform iversity, die 2016 durch die Georg-von-Holzbrinck Verlagsgruppe übernommen wurde. MOOCs haben sich aus der Haltung heraus entwickelt, Wissen möglichst barrierefrei zugänglich zu machen und für diesen Wissenstransfer digitale Technologien zu nutzen. Ein Beispiel für das Potenzial von MOOCs ist die Kiron Open Higher Education gGmbH, oft auch Kiron Universität genannt. Das Ziel des 2015 gegründeten Social-Start-Ups ist es, bestehende formale Barrieren auf dem Weg zur Hochschulbildung für Geflüchtete mittels digitaler Lern- und Unterstützungsangebote abzubauen. Hierfür wurde ein digitales Studienprogramm mit MOOC-basierten Curricula entwickelt, um Geflüchteten Zugänge zur Hochschulbildung zu schaffen. Dieses Beispiel zeigt deutlich das Potenzial von MOOCs, zielgruppenspezifischen Zugang zu Bildung zu schaffen: In diesem Fall zu universitärer Bildung. Die Bedeutung von MOOCs für den Museumsbereich ist ebenso groß. Vorreiter in der Erforschung des Potenzials und der Entwicklung, Nutzung und Evaluation von MOOCs im musealen

Kontext sind die USA und Großbritannien (vgl. hierzu: Bonk et al. 2015, Greenfield 2013 und Mazzola 2013). Die renommierte School of Museum Studies der Universität von Leicester erforschte im Rahmen eines zweijährigen Pilotprojekts das Potenzial von MOOCs im Allgemeinen und im Besonderen jenes von MOOCs, die kollaborativ zwischen Universitäten und Museen entwickelt wurden (vgl. Future-Learn 2017). Ziele des Projekts waren zum einen die Untersuchung der Möglichkeiten von MOOCs für Museen generell und zum anderen das Generieren von Daten durch die Durchführung eines gemeinsam entwickelten Pilot-MOOCs mit dem Titel „Behind the Scenes at the 21st Century Museum." Im Rahmen des Projekts wurde eine Kategorisierung von edukativen MOOCs entwickelt:

> "The topical MOOC: built with agility around a current and topical story, appealing to the leisure learner and amateur/potential scholar alike caught „in the moment"
>
> The popular MOOC: framing a course around a theme or subject with a resonance in popular culture: the University's teaching and research reimagined for a broad mainstream audience
>
> The skills MOOC: targeting University strategic priorities such as widening participation or retention/progression, attracting or supporting potential or new students
>
> The taster MOOC: a tactical „taster" short course for people thinking about taking one of the University's full distance-learning programmes" (Parry 2017).

Diese Kategorisierung und die durch die Durchführung gewonnenen Nutzerdaten von Pilotkursen im oben angeführten Forschungsprojekt dienen in Großbritannien als Grundlage für weitere Forschungs- und Entwicklungsarbeit für MOOCs im musealen Umfeld. Der MOOC der School of Museum Studies richtete sich dezidiert an die Zielgruppe der Museumsmitarbeiter und diente deren Weiterbildung und Professionalisierung. Es war nicht intendiertes Ziel, mit dem Angebot des Kurses neue Zielgruppen für die im Projekt beteiligten Partnermuseen zu gewinnen.

In den USA ist hingegen in vielen Bundesstaaten die Teilnahme an E-Learning-Einheiten für Schüler weiterführender Schulen obligatorisch und in den Curricula der weiterführenden Schulen fest verankert. Museen wie das Museum of Modern Art (MoMA) sind langjährige Partnerschaften mit MOOC-Plattformen wie beispielsweise Coursera eingegangen. Ziel dieser 2013 zwischen dem MoMA und Coursera begonnen Kooperation ist es, „to provide free professional development opportunities for K–12 teachers worldwide" (MoMa 2014). Aktuell bietet das MoMA sieben MOOCs zu unterschiedlichen Themen und für unterschiedliche Zielgruppen an.

Einen ähnlichen Weg geht in den USA die Smithsonian Institution, die weltweit größte Museums- und Forschungsinstitution mit insgesamt 19 Museen und Galerien. Sie bietet aktuell vier MOOCs auf der Plattform edX an, unter anderem „The Rise of Superheros and their Impact on Pop-Culture". Zwei MOOCs richten sich dezidiert an Lehrer und vermitteln innovative Lehr- und Lern-Methoden anhand der Museumsinhalte. Der Kurs „Design in the Classroom with Cooper Hewitt, Smithsonian Design Museum" vermittelt Design-Thinking-Techniken für den Einsatz im Klassenraum während der Kurs „Teaching Historical Inquiry with Objects" Geschichtslehrern in Mittel- und Oberstufe „new techniques to engage and motivate students with an inquiry-based approach to learning" vermittelt (edX 2017).

Im deutschsprachigen Raum werden die Potenziale von MOOCs bislang kaum wissenschaftlich erforscht oder in Form von praxisbezogenen Forschungs- und Entwicklungsprojekten wie im oben beschriebenen Projekt der School of Museum Studies der Universität Leicester evaluiert.

Das einzige deutsche Referenzbeispiel eines Museums-MOOCs ist der Kurs „Kunstgeschichte Online" (Städel Museum 2017c) des Städel Museums in Frankfurt am Main. Der Kurs wurde in Kooperation mit dem Centre for Digital Cultures (CDC) und dem Institut für Philosophie und Kunstwissenschaft der Leuphana Universität Lüneburg entwickelt. Die Ziele des Kurses beschreibt eine entsprechende Pressemitteilung wie folgt: „Das Städel folgt mit dem Onlinekurs – wie mit all seinen digitalen Vermittlungsformaten – dem zentralen Anliegen, seinen Bildungsauftrag weit über die physischen Grenzen des Museums hinaus wahrzunehmen und unterschiedliche Zielgruppen zeitgemäß und innovativ für die Beschäftigung mit Kunst und Kultur zu begeistern" (Leuphana 2016).

Der Kurs richtet sich an alle, die auf „abwechslungsreiche, zeitlich flexible Weise kunsthistorische und bildwissenschaftliche Kenntnisse erlangen wollen" und umfasst fünf Module (Städel Museum 2017d).

Im Gegensatz zu den oben beschriebenen Beispielen amerikanischer Museen bietet dieser Kurs jedoch keine methodischen Hilfestellungen für den Einsatz im Unterricht oder Anknüpfungspunkte an die Lebenswelt junger Menschen, wie etwa der Superhelden-MOOC der Smithsonian Institutions. Der Kurs richtet sich nicht dezidiert an neue, bisher museumsferne Zielgruppen, sondern an kunstinteressierte Laien. Sehr treffend verdeutlicht folgendes Zitat die inhaltliche Ausrichtung: „Wer schon immer mal lernen wollte, wie man mit diesen ganzen -ismen in der Kunstgeschichte jonglieren kann, dem sei der Online-Kurs als unterhaltsame Wissensvermittlung unbedingt ans Herz gelegt" (Heyl 2016). Der Städel-Onlinekurs ist somit ein gutes Beispiel dafür, wie mit digitalen Formaten zwar insgesamt mehr Menschen erreicht werden können, diese Formate aber nicht nachweislich dazu beitragen, die Inhalte des Museums für ein diverseres Publikum zugänglich zu machen. Es bleibt zu beobachten, ob und wie die Potenziale von MOOCs im Kontext von musealem Outreach in der deutschen Museumslandschaft zukünftig genutzt werden.

3.3.10 Digitale Strategien

Bereits 2009 erkannte Serota, dass die Grenzen zwischen dem Museumsgebäude und dem virtuellen Raum zunehmend verschwinden: „The future of the museum may be rooted in the buildings they occupy but it will address audiences across the world – a place where people across the world will have a conversation. Those institutions which take up this notion fastest and furthest will be the ones which have the authority in the future" (Serota 2009). Im Jahr 2015 untersuchten Wellington und Oliver die Überschneidungsmöglichkeiten zwischen digitalen Medien und museumspraktischer Arbeit und kamen zu folgendem Ergebnis: „Audience Engagement, advocady, and outreach can be greatly enhanced by the use of information appropriate digital infrastructure" (Wellington/Oliver 2015: 593).

In seinem zweiten Bulletin 2016 befasste sich der Deutsche Museumsbund mit dem digitalen Wandel in Museen und stellte fest, dass die Zukunft in der Entwicklung von gesamtheitlichen Digitalen Strategien für Museen liegt: „War noch vor 10 Jahren vor allem die Homepage der digitale Schauplatz der Museen, setzt sich allmählich das Bewusstsein für ganzheitliche digitale Strategien in vielen Häusern durch. Damit ist gemeint, dass unterschiedliche digitale Kanäle, Inhalte und Erzeugnisse nicht als Inseln nebeneinander existieren, sondern Strukturen geschaffen werden, um diese strategisch aufeinander abzustimmen" (Deutscher Museumsbund 2016: 1).

Die durch die Digitalisierung bedingten gesellschaftlichen Transformationsprozesse machen auch vor den Museen nicht Halt. Der Horizon Report beschreibt Museen als „Mirrors of contemporary society, which is increasingly networked, mobile, and open" (New Media Consortium 2016: 22). Im 20. Jahrhundert fungierten Museen vielfach als „content authorities", die ein paternalistisches Verhältnis zu ihren Besuchern hatten. Die durch die Digitalisierung bedingten gesellschaftlichen Veränderungen führen zu einem „emerging trend towards shared authority, where multiple perspectives are highlighted and community involvement in programming and exhibitions is welcomed" (New Media Consortium 2016: 10). Diese gesellschaftlichen Veränderungen müssen zu einem neuen Selbstverständnis der Museen führen, wollen diese ihre Relevanz behalten. Diese Suche nach einem neuen Selbstverständnis findet in vielen Museen bereits statt: „Zu dieser Entwicklung beigetragen hat der Umstand, dass Museen auf vielfältige Weise ihre Rolle in der Wissensgesellschaft befragen. Besucher_innen sind in dieser Perspektive immer auch potenzielle ›Prosumer_innen‹ und die Vielstimmigkeit vernetzter Lerngemeinschaften steht dem Gültigkeitsanspruch fachlicher Expertisen gegenüber. Museen orientieren sich – weg von ihrer starken Fokussierung auf die Objekte – hin zur Gesellschaft, zu den Nutzenden. Sie entwerfen sich als Orte des Wissensaustauschs und als Schauplätze einer beteiligungsorientierten Verknüpfung von Geschichte und Gegenwart (Mörsch/Sachs/Sieber 2016). Die Entwicklung von ganzheitlichen digitalen Strategien im Kontext von Partizipation, Kollaboration und Engagement spielt hierbei eine zentrale Rolle. Jasper Visser, Autor des Digital Engagement Framework, bringt die Gründe auf den Punkt, die für die Entwicklung einer digitalen Strategie sprechen: „Because it's one of the best opportunities we've had in decades to really reach and engage other people, work with them on ideas that are bigger than us and generate value together" (Visser/Richardson 2013: 3).

Bei vielen digitalen Outreach-Programmen liegt der Schwerpunkt auf der Erhöhung der Reichweite und der Schaffung von Zugängen über digitale Medien durch einzelne Formate, die nicht in digitale Gesamtstrategien eingebunden sind. Meist sind die digitalen Strategien nicht partizipativ konzipiert. Es findet ein – um einen Terminus aus der Informatik zu verwenden – sogenannter Space-/Place-Shift statt: die alten Inhalte werden auf neue Vermittlungsmedien (Soziale Medien, Apps) übertragen. Teilweise werden auch neue Inhalte für die neuen Medien generiert, die Übertragung geschieht aber in den meisten Fällen noch autoritativ seitens der Kultureinrichtungen und nicht partizipativ mit Beteiligung der relevanten Zielgruppen. Nötig wäre jedoch ein sogenannter Format-Shift, das heißt die Entwicklung völlig neuer Formate der Kulturvermittlung im Rahmen einer Outreach-Strategie.

Einzelne Museen im deutschsprachigen Raum haben bereits ganzheitliche digitale Strategien entwickelt beziehungsweise befinden sich gerade in diesem Entwicklungsprozess. Das Städel-Museum, dessen Kurs „Kunstgeschichte online" oben schon vorgestellt wurde, ist hier als Vorreiter zu betrachten. Ziel der digitalen Strategie des Städel-Museums ist es, uneingeschränkten Zugang zu kunsthistorischen Inhalten und Forschungsergebnissen zu eröffnen, und dadurch eine globale Teilhabe an Kulturgut zu ermöglichen. „Die vielfältigen und aufeinander aufbauenden digitalen Aktivitäten verfolgen nicht den Zweck, ein virtuelles Museum im digitalen Raum „nachzubauen". Vielmehr beschreiten wir mit der multiplen Vernetzung von Inhalten unterschiedlichster Herkunft völlig neue Wege der Erforschung, Darstellung, Erzählung und Vermittlung von Kunst" (Städel Museum 2017c).

Das Städel-Museum erprobt seit Beginn der Arbeit an der digitalen Strategie verschiedene innovative Möglichkeiten der digitalen Vermittlung von kulturellen Inhalten. Die digitale Infrastruktur wurde ausgebaut, WiFi im gesamten Museum bereitgestellt und die Webseite überarbeitet. Ein Teil der Sammlung wurde digitalisiert und kuratorisch neukontextuiert. Im Gegensatz zum Rijksstudio des Amsterdamer Rijksmuseums werden die Werke jedoch nicht zur freien Nutzung, Aneignung, Weiter-Bearbeitung und Neu-Kontextuierung durch die Nutzer bereitgestellt. Für das Städel ist die „digitale Erweiterung [...] auch eine Erweiterung unseres Bildungsauftrags, eine weltweite und kostenlose Form der Zugänglichkeit zu unseren Inhalten" (Oswald 2015). Daher nehmen innovative digitale Vermittlungsformate im Rahmen der digitalen Strategie einen großen Raum ein und umfassen den oben schon erwähnten Online-Kurs, eine App, ein Städel-Game für Kinder ab 8 Jahren und zahlreiche Digitorials zur multimedialen Vor- und Nachbereitung von ausgewählten Sonderausstellungen.

Die digitale Neuausrichtung des Städel Museums ist mit dem Ziel einer höheren Reichweite bei prinzipiell kunstinteressierten Menschen konzipiert: Über digitale Medien und unter Nutzung neuer Technologien sollen Inhalte an ein kunstinteressiertes Publikum vermittelt und zugleich deren Reichweite erhöht werden. Eine Rückwirkung in die Institution beispielsweise durch Uploads von Inhalten durch Besucher, kollaboratives Sammeln oder kollaborative Ausstellungs- und Programmgestaltung ist derzeit nicht ersichtlich.

Eine strategische Outreach-Arbeit dient stärker der Ermittlung von Interessen und Bedürfnissen bisheriger Nicht-Besucher als der Vermittlung von institutionellen Inhalten. Einen solchen Ansatz verfolgt das Historische Museum Frankfurt seit Anfang 2016 in einem geförderten Modellprojekt, in dem digitale Museumspraxis erprobt und erforscht wird. Franziska Mucha, Kuratorin für digitale Museumspraxis, sagt: „Die Quintessenz ist: wenn wir digital sagen, meinen wir nicht Kanäle oder Technologie, sondern die Grundwerte der Internet-Kultur" (Mucha 2016). Es geht dem Historischen Museum Frankfurt nicht primär darum, eine digitale Strategie zu entwickeln, sondern „darum, die digitale Kultur (free open culture, mobil und flexibel, Benutzerorientierung) mit der Museumspraxis zu verbinden" (ebd.).

Die hier skizzierten analogen sowie digitalen Formate stellen Wege und Möglichkeiten der Museen dar, außerhalb des Museums in Kontakt zu neuen Besuchergruppen zu treten. Wie Outreach sich weiterentwickelt hat und mittlerweile weit über das Verständnis von Marketing, aufsuchender Kulturarbeit oder Aktivitäten außerhalb der Museen hinausgeht wird in den folgenden Kapiteln und Praxisbeispielen deutlich.

3.4 Outreach-Kategorien

Aufgrund der Darstellung der historischen Entwicklung sowie der Beschreibung der Formate identifizieren die Autorinnen im Wesentlichen drei Kategorien von Outreach: School-Outreach, Community-Outreach und Digital-Outreach. Anhand dieser entwickelten Kategorisierung lassen sich sämtliche Praxisbeispiele, die in der vorliegenden Publikation vorgestellt werden, einordnen. Mischformen der Kategorien sind möglich und in der Praxis von Kulturinstitutionen üblich. Eine ganzheitliche Outreach-Strategie umfasst die Implementierung aller drei Kategorien von Outreach. Zielgruppenanalysen können zeigen, dass die Fokussierung auf eine Variante sinnvoll ist. Nach der folgenden komprimierten Vorstellung der Kategorien veranschaulicht ein Chart die Zuordnung von Outreach-Formaten in diese Kategorien.

3.4.1 School-Outreach

Wie bereits beschrieben etablierte das American Museum of National History schon 1903 mit seinem „School Service" ein Verleihangebot mit kleinen Ausstellungseinheiten für Schulen. Weltweit ist School-Outreach mit Museumskoffern, Loan Boxes, Museumsboxen, Travelling-Boxes, -Trunks oder -Kits und mobilen Museen etabliert. Auch in Deutschland markiert das Jahr 1903 mit der Rede Alfred Lichtwarks einen wichtigen Zeitpunkt für den Beginn des Verständnisses von Museen als Bildungseinrichtung. Das Hygiene Museum in Dresden gehörte mit seinen mobilen Unterrichtseinheiten zu den ersten Museen, die Materialien für Schulen außerhalb des Museums zur Verfügung stellten.

Verschiedene Formate eignen sich, um mit Museumsmaterialien in Schulen neugierig auf Museum zu machen, den Unterricht mit Objekten anschaulicher zu gestalten oder Museum in Schulen zu bringen, die keine Möglichkeit für einen Besuch haben. School-Outreach kann in Form von klassischer Vermittlungsarbeit der Museen erfolgen. In diesem Fall stellt das Museum ein bereits entwickeltes Programm zur Verfügung, das von Schulen gebucht wird. Häufig werden die Outreach-Programme spezifisch auf die Bedarfe der Schulen hin entwickelt. Die Angebote werden entweder durch professionelle Museumsmitarbeiter wie Museumspädagogen oder Kuratoren begleitet oder selbstständig von den Lehrern im Unterricht eingesetzt. School-Outreach kann auch mit Hilfe von Videoconferencing, Webinaren und Lehrmaterialien erfolgen.

3.4.2 Community-Outreach

Bei Community-Outreach treffen zwei englische Begriffe aufeinander, für deren Bedeutung es im Deutschen keine punktgenaue Entsprechung gibt. Community umschreibt Gemeinschaft, Gemeinde, Kommune, Allgemeinheit, Gemeinwesen oder einfach die Öffentlichkeit. Hierbei kann der Begriff Öffentlichkeit mit dem Zusatz lokale Öffentlichkeit versehen werden, wenn es sich um das direkte Umfeld des Museums handelt. Die Öffentlichkeit kann aber auch weitreichender gefasst werden im Sinne der global community. Übersetzungen von Community-Outreach, die beispielsweise in Diskussionsforen von Übersetzungsportalen wie zum Beispiel dict.leo.org gefunden werden können, reichen von der wohl kürzesten als „direktem Bürgerkontakt" bis zu Community-Outreach als „gesellschaftspolitischem Gewissen".

Das Entscheidende ist wohl nicht die Übersetzung, sondern die Bedeutung: Bei Community-Outreach wirkt das Museum oder allgemein die Kulturinstitution in die Öffentlichkeit hinein und die Öffentlichkeit wirkt in die Institution hinein. Die Öffentlichkeit besteht aus handelnden Individuen, die sich einer oder mehreren gesellschaftlichen Gruppen zugehörig fühlen: den Communities. Im Umkehrschluss könnte Community-Outreach auch Communities-Outreach heißen.

3.4.3 Digital-Outreach

Digitales Outreach ist Outreach mit den Möglichkeiten und Mitteln, die durch die Digitalisierung entstehen. Schon 2009 wurde dem Internet das Potenzial zugesprochen, die Outreach-Arbeit von Museen weitaus mehr als alle bisherigen analogen Formen und Formate vorantreiben zu können: „The Internet has the power to affect Outreach in ways unlike other mediums" (Grove 2009: 112).

Die einfachste Variante von digitalem Outreach ist auch heute noch die Bereitstellung von Informationen und Materialien seitens des Museums über das Medium der Webseite. In seiner 2007 erschienenen Publikation zum Themenfeld Lernen im Museum zählt Barry Lord die reine Bereitstellung von Informationen auf der Webseite schon zu den „outreach activities" (Lord 2007: 221).

Aktuelle und innovativere Formen von digitalem Outreach können Apps sein, Spiele im Stadtraum oder digitale Lernmedien und -plattformen, die Museen online zur Verfügung stellen, um Menschen anzusprechen, die bisher nicht zu den Besuchern des Museums zählen.

Digitales Outreach kann auch bedeuten, seine Sammlung zu digitalisieren und langfristig und nachhaltig der Gesamtbevölkerung zur freien Verfügung zu stellen, wie es das Rijksmuseum in Amsterdam getan hat. Auf dieses Beispiel wird im weiteren Verlauf des Buches ausführlicher eingegangen.

Abbildung 7: Outreach-Formate

School-Outreach	**Community-Outreach**	**Digital-Outreach**
Museumsboxen, Museumskoffer	Museumsboxen, Museumskoffer	Digitalisierung der Sammlung
Mobile Museen, Wander-ausstellungen	Mobile Museen, Wanderaus-stellungen	Ko-Kreative Ausstellungs-entwicklung mit Digitalisaten
Ko-Kreative Ausstellungs-entwicklung	Satellitenmuseen	Aneignungs- und Transformations-formate wie Remixen
Peer-Guide Ausbildung	Ko-Kreative Ausstellungs-entwicklung	Webseiten als interaktive Plattformen
mit Instrumenten des Digital-Outreach	Interventionen wie Flash-Mobs	Apps, MOOCs, Videotutorials, Webinare
	mit Instrumenten des Digital-Outreach	

4. Praxisbeispiele

In diesem Kapitel wird der Begriff Outreach anhand von Beispielen aus der aktuellen Praxis mit Leben gefüllt. Die untenstehende Grafik zeigt, wo sich diese Beispiele in den Outreach-Kategorien verorten lassen, die im vorigen Kapitel von den Autorinnen eingeführt wurden.

Abbildung 8: Einordnung der Praxisbeispiele in die Outreach-Kategorien: School-Outreach, Community-Outreach und Digital-Outreach

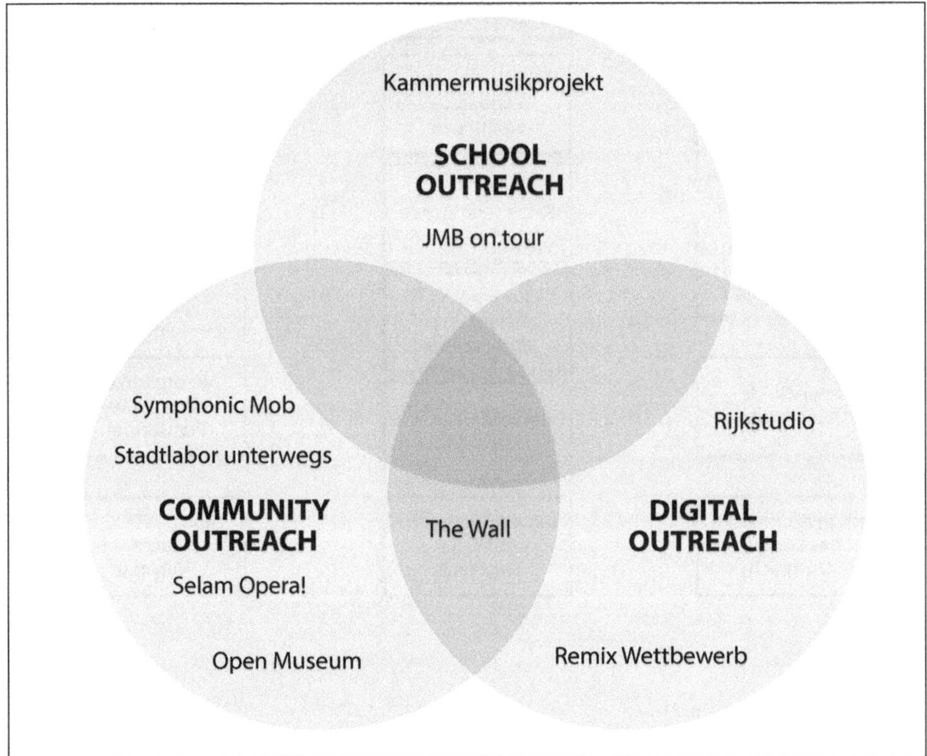

4.1 Praxisbeispiele aus dem Museumsbereich

4.1.1 Jüdisches Museum Berlin

Im Sommer 2007 startete die Bildungsinitiative des Jüdischen Museums Berlin (JMB) „on.tour – Das JMB macht Schule". Dieser Outreach-Ansatz war seinerzeit in der deutschen Museumslandschaft einmalig (vgl. Mandel 2009: 168). Im ersten Jahr legte der on.tour Bus des Jüdischen Museums Berlin 22.000 Kilometer zurück und arbeitete mit 80 Schulen in allen 16 Bundesländern (vgl. JMB 2007/08: 53). Inzwischen, nach über zehn Jahren, hat der Bus mit dem mobilen Museumsangebot fast 150.000 Kilometer zu rund 550 Schulen zurückgelegt.

Abbildung 9: Ein on.tour-Tag

„Ein on.tour-Tag" © Jüdisches Museum Berlin, Fotos: Sönke Tollkühn.

Eine Woche ist das Outreach-Team des Jüdischen Museums jeweils in einem Bundesland unterwegs und besucht täglich eine andere Schule, um vor Ort mit den Schülern ins Gespräch über Jüdische Geschichte und Kultur zu kommen. Im Vorfeld des Besuchs werden Spuren jüdischer Geschichte im lokalen Umfeld der Schule recherchiert und den Schülern auf diese Weise Vertiefungsmöglichkeiten und Bezüge zu ihrem Heimatort aufgezeigt. Wie bei einem normalen Museumsbesuch bedarf es für die Schülerschaft keinerlei Vorbereitung. Das Outreach-Team des Museums geht auf die Teilnehmenden mit ihrem Wissen, ihren Beiträgen und Fragen individuell ein. „Das Jüdische Museum Berlin on.tour vermittelt als wichtige Ergänzung zum schulischen Angebot die Vielfalt der jüdischen Lebenswelt, möchte das Interesse an einem Museumsbesuch wecken, bietet den Schülern lebendige und erlebbare Lerninhalte vor Ort, stellt deutschlandweit das pädagogische Programm des Museums vor und informiert Lehrer über Möglichkeiten, das Thema im Unterricht zu behandeln" (vgl. JMB 2008: 8). Das Besondere an diesem Ansatz ist, dass bereits von Beginn an die Bedürfnisse der Schüler und der Schule in die Konzeption eingeflossen sind. 2013 kam im Zuge der Überarbeitung und Aktualisierung der Inhalte ein weiterer Ausstellungswürfel mit einem neuen Themenbereich hinzu. Eine auf den ersten Blick klein und überschaubar anmutende mobile Ausstellung, die mittlerweile aus fünf Ausstellungswürfeln besteht, ruft bei einem Fachpublikum aufgrund der reduzierten und einfachen Form häufig Staunen hervor. Diese Ausstellungswürfel sind so gestaltet, dass man auf ihnen sitzen, sie drehen und wenden kann. Sie kommen auf dem Schulhof und im Schulgebäude an solchen zentralen Plätzen zum Einsatz, die für möglichst viele Schüler offen zugänglich sind. „Die mobile Ausstellung als modulares System in einem flexiblen Raum außerhalb des Museums stellte besondere Aufgaben an die gestalterische Umsetzung. Es musste eine Ausstellungsform gefunden werden, die sich den jeweiligen Bedingungen vor Ort flexibel anpassen konnte und dennoch eine ansprechende Umgebung für die Objekte und die Museumsthemen bot. Die Ästhetik sollte den Qualitätsanspruch der musealen Präsentation vermitteln und dabei die Sehgewohnheiten und Bedürfnisse der Jugendlichen antizipieren" (Scharf 2010: 15).

Die Fotoserie zu Beginn des Kapitels zeigt den Ablauf eines Tages an einer Schule mit den on.tour-Guides. Das mobile Angebot umfasst eine Ausstellung und einen Workshop mit biografischen Quellen in Form von Zeitzeugeninterviews, der mit Hilfe von Tablets im Klassenverband durchgeführt wird. Die Ausstellungswürfel bieten Fläche und Raum für fünf Themenbereiche. Ein weiteres Ausstellungselement hält weiterführende Informationen und Lehrmaterial bereit. Die Ausstellungswürfel verfügen teilweise über eingelassene Vitrinen, die Objekte und Anschauungsmaterial mit Wiedererkennungswert für die Schüler enthalten, wie etwa eine Levis-Jeans, eine Nivea-Dose oder Kondome der Marke Fromms. Diese bieten biografische und lebensweltliche Anknüpfungspunkte zur Erkundung der deutsch-jüdischen Geschichte und zu einem Austausch über das lebendige Judentum.

Zu Beginn der Bildungsinitiative wurden in einem institutionsübergreifenden Prozess folgende Kernfragen ermittelt: „Wie können noch mehr Jugendliche unabhängig von der besuchten Schulform erreicht werden? Wie kann das Museum einen Beitrag dazu leisten, die Auseinandersetzung mit deutsch-jüdischer Geschichte in der Schule über den bisherigen Lehrplanstoff hinaus anzuregen? Ein Zitat des Museumsdirektors W. Michael Blumenthal wurde zur Botschaft der Bildungsinitiative: ‚Alle Schülerinnen und Schüler sollten das Jüdische Museum Berlin mindestens einmal besucht haben, bevor sie die Schule beenden'" (ebd.: 11). Die statistischen Daten zeigen folgende Situation zu Beginn der Initiative: Seit Eröffnung des Hauses besuchen viele Schüler und Auszubildende das Museum. Jeder fünfte der 755.000 Besucher im Jahr 2009 war unter 18 Jahre alt (vgl. JMB 2010). Jedoch zählen die Haupt- und Realschüler zu den seltenen Besuchern. Die Besucherstatistik des Museums dokumentiert zu Beginn der Initiative folgende Anteile der Schüler von weiterführenden Schulen: 56 % Gymnasiasten, 13 % Realschüler und 2 % Hauptschüler (vgl. Scharf 2011: 9).

Abbildung 10: Die multimediale Wanderausstellung des Jüdischen Museums Berlin

Die multimediale Wanderausstellung mit zwei der vier Themeninseln: „Fünf Sinne" und im Hintergrund „Einmal" © Jüdisches Museum Berlin, Foto: Cornelius M. Braun.

Anlässlich des zehnjährigen Bestehens der Initiative und des inzwischen daraus gewachsenen Outreach-Bereichs im Jüdischen Museum Berlin stellt sich die Frage, wie sich das mobile Museum und die Outreach-Arbeit der Institution weiterentwickelt haben. Mit der Einrichtung der Abteilung „Bildung – Outreach-Programme" verfolgt das Museum das Ziel, Teilhabe an den Museumsinhalten für eine diverse Besucherschaft zu ermöglichen. Dies wird erreicht, indem beispielsweise auf Bedürfnisse von Schülern verschiedener Schultypen eingegangen wird sowie durch den persönlichen Kontakt zu Interessenten an unterschiedlichen Orten. 2012 wurde das erfolgreiche Outreach-Programm um einen zweiten Bus mit einer multimedialen mobilen Ausstellung erweitert. In den folgenden Jahren lag der Schwerpunkt darin, weitere Kooperationen aufzubauen, auch mit Berliner Schulen, insbesondere Sekundarschulen. Insgesamt verzeichnet das Outreach-Programm bis 2016 die beachtliche Zahl von insgesamt 544 besuchten Schulen bundesweit, knapp 70.000 erreichten Schülern und 52 Sonderveranstaltungen. Darunter fallen etwa die Beteiligung an der Bildungsmesse didacta, die Präsenz beim Weltkindertag, Workshops in der Jugendstrafanstalt, ein Stand auf der Leipziger Buchmesse oder die Teilnahme an der langen Nacht der Wissenschaften.

Tabelle 5: Reichweite „JMB on.tour"

Jahr	Bundesländer	Schüler	Schulen gesamt	Gymnasien	Haupt-/ Realsch.	Sonder termine
2007	5	3743	24	13	11	2
2008	11	8193	55	24	31	9
2009	10	7360	50	27	23	7
2010	15	9108	75	43	32	2
2011	19	11389	95	54	41	5
2012	15	8421	66	41	25	1
2013	13	6806	57	40	17	7
2014	12	7014	57	37	20	8
2015	7	3939	35	23	12	5
2016	6	3545	30	18	12	6
Gesamt		**69.518**	**544**	**320**	**224**	**52**

Darstellung auf Basis der Daten aus dem Jüdischen Museum Berlin.

Bei der Auswahl der Schulen für die Touren finden die im Museum bisher unterrepräsentierten Schulformen besondere Beachtung. Der Übersichtlichkeit halber werden die verschiedenen Schulformen in zwei Kategorien unterteilt: Die Gymnasien bilden eine und die im Museum weniger repräsentierten Schulformen, wie Haupt- und Realschulen, bilden eine zweite Kategorie. Im Zeitraum 2007 bis 2016 entsprach das Verhältnis etwa 59 Prozent Gymnasien zu 41 Prozent Haupt- und Realschulen. Weshalb gelingt es trotz der Bemühungen des Museums bei der Auswahl der Schulen nicht, mehr Schulen des unterrepräsentierten Schultyps zu erreichen? Ein Grund liegt darin, dass sich insgesamt mehr Gymnasien und weniger Haupt-, Real- und Sekundarschulen bewerben. Somit ist das zu Beginn der Initiative formulierte Ziel der gleichberechtigten Berücksichtigung aller Schultypen bisher noch nicht erreicht worden. Allerdings werden mit dem mobilen Angebot immer noch weit mehr Haupt- und Realschulen erreicht als vor Ort im Museum. „53 Prozent der Schulklassen, die z.B. 2013/14 eine Führung oder einen Workshop im JMB buchten, kamen aus dem Gymnasialbereich, nur neun Prozent aus Haupt-, Real- bzw. Sekundarschulen" (Hiron/Rösch 2016: 218).

Der Outreach-Bereich des Museums ist integraler Bestandteil der Bildungsabteilung und untersteht der Programmdirektion. Aktuell im Jahr 2017 ist der Freundeskreis des Museums Hauptfinanzier des on.tour-Programms, für das drei Mitarbeitende angestellt sind und neun freiberufliche on.tour-Guides auf Tour gehen. Neben dem mobilen Museum hat das Jüdische Museum Berlin seither weitere Outreach-Aktivitäten initiiert. Beispiele dafür sind das Projekt „VOIDS.Museum-VerLernen", bei dem Jugendliche sich mit einem forschenden Ansatz ihre eigenen Zugänge zum Museum verschafft haben oder das Projekt „Nahostkonflikt", bei dem die Schüler sich auf die Suche nach Antworten begaben und einen Film produzierten. Diese Outreach-Projekte entstanden im Rahmen der Bildungspartnerschaft des Museums mit der Refik-Veseli-Schule (vgl. JMB 2017b).

Die Outreach-Aktivitäten wirken auch ins Museum hinein. So haben Erfahrungen von den Touren an Schulen in ganz Deutschland auch „antidiskriminierungskritische Aspekte in die Bildungsabteilung hereingeholt", so Sarah Hiron, Leiterin des Outreach-Bereichs. Sie ergänzt, „dass wir noch einmal stärker darüber diskutiert haben, wo die Fallstricke der Diskriminierung in unserer Arbeit sind. Wir reflektieren unsere Arbeit verstärkt. Das hat sich gegenseitig bedingt" (Hiron 2017).

Auch der Blick der Mitarbeitenden der Bildungsabteilung auf die Schulkultur in Deutschland ändert sich durch das Unterwegssein. On.tour-Guides berichten, dass sie Unterschiede im Arbeiten mit den Schülergruppen nicht so sehr auf ländlich oder städtisch beziehen, sondern es als Bereicherung erfahren, wenn es Kinder gibt, die einen anderen kulturellen Background haben. Es sei einfacher, Anknüpfungspunkte zu finden. Daran, wie sie in den Schulen aufgenommen werden, erkenne man die Schulkultur, ob es überhaupt Antidiskriminierungsansätze in der Schulpolitik gibt, ob sie dafür sensibel sind oder nicht. „Und die Erfahrung zeigt", so Hiron, „dass die Gruppen, die hier ins Museum gehen, das nicht so sehr widerspiegeln. Wenn man hinfährt, hat man einen ganz anderen Eindruck" (ebd.).

Auch bei der Konzeption der neuen Dauerausstellung kann das JMB von seinen Erfahrungen und Kontakten aus der Outreach-Arbeit profitieren. Gerade Kinder und Jugendliche aus den Partnerschulen des dreijährigen Drittmittelprojekts „Vielfalt an Schulen", bei dem es um intensive Kooperation ging, können da als Beratende fungieren und Ausstellungsmodule testen (vgl. Hiron 2017).

Wie sich die Outreach-Aktivitäten langfristig im Denken und der Haltung des Museums widerspiegeln, bringt Hiron auf den Punkt: „Wir überlegen allgemein mehr, warum bestimmte Schülergruppen nicht kommen. Es hat sich normalisiert, dass man diese mitdenkt. Und wir werden viel stärker analysieren und darüber nachdenken: wie kriegen wir die!?" (Hiron 2017).

Institution: Das Jüdische Museum Berlin eröffnete 2001. Mit seinen Ausstellungen, Veranstaltungen und Bildungsprogrammen versteht sich das Museum als ein Ort für den lebendigen Austausch mit einem breiten nationalen und internationalen Publikum über die jüdische Geschichte und Kultur sowie über Migration und Diversität in Deutschland. Das Jüdische Museum Berlin wird vom Bund gefördert.

Outreach-Programm: JMB on.tour, Beginn der Initiative 2007.

Outreach-Kategorie: School-Outreach

4.1.2 Historisches Museum Frankfurt

„Museum auf Sommertour...: Museen sind träge Institutionen. Ihr Gepäck wiegt zu schwer, als dass es auf solche Touren gebracht werden könnte. Kern jedes Museums ist die Sammlung: im Fall des *historischen museums frankfurt* weit über 600.000 analoge Objekte von der Größe eines Pfennigs oder einer Dampfmaschine. Deshalb brauchen Museen große Häuser, um all das zu schützen und auszustellen. Wie also kann ein Museum auf eine leichte Sommertour gehen, und warum sollte es das überhaupt tun?" So fragt Jan Gerchow, Direktor des Historischen Museums Frankfurt in seinem Vorwort zur Dokumentation des Stadtlabor unterwegs 2016 (Gesser/Mucha: 2015: 5).

Eine rhetorische Frage für den Direktor dieses Museums, das seit 2010 völlig neue Wege der Museumsarbeit geht: „Das Museum ist partizipatorisch ausgerichtet, es nimmt den Erfahrungs- und Wissensschatz seiner Besucher ernst und nutzt ihn als integrierten Bestandteil" (Historisches Museum Frankfurt 2017b). Dieses Selbstverständnis impliziert eine neue Sicht auf den Besucher: „Der Besucher ist kein unbeschriebenes Blatt, dem im Museum Wissen vermittelt wird. Im Gegenteil, er wird als (Alltags-)Experte angesprochen, seine Erfahrungen, Meinungen und Ansichten sollen in die Ausstellungen integriert werden" (Gesser et al. 2012: 11). Um dies tun zu können, gibt es seit 2010 das Stadtlabor unterwegs. Das Historische Museum Frankfurt sammelt mit dem Stadtlabor unterwegs in jährlichen interaktiven Formaten genau diese Erfahrungen, Meinungen und Ansichten der Frankfurter Bürger. Dies geschieht in Form von Geschichten, Bildern, Tönen und Exponaten und das Museum realisiert auf Basis dieses Materials Ausstellungen im Stadtraum: bisher in einem Bürogebäude, einem Schwimmbad, einem Turn- und Sportverein, einem ehemaligen Autohaus und in den Wallanlagen, einem öffentlichen Park. „Basierend auf der Idee eines Forums, schafft das Stadtlabor Ausstellungsräume, in denen kommunikative Aushandlungen über aktuelle, vergangene, zukünftige, alltägliche, ungewöhnliche oder drängende Themen möglich werden" (Gesser et al. 2012: 246).

Alles begann 2011 im Frankfurter Stadtteil Ostend: „Wie erleben Bewohner und Besucher das Ostend? Was verbindet sie mit dem Stadtteil? Wie war es früher? Und wie wird es werden? Da auf diese Fragen ein Museum allein keine Antwort findet, hat das Stadtlabor unterwegs all diejenigen eingeladen, die etwas zu diesen oder anderen Fragen rund um die Veränderungen des Ostends beitragen wollten und gemeinsam mit ihnen eine ungewöhnliche Ausstellung realisiert. [...] Auf 620 Quadratmetern boten 38 Ausstellungsbeiträge eine Auseinandersetzung mit einem der vielschichtigsten und vitalsten Stadtteile Frankfurts. Wie das Leben im Ostend selbst, standen die Beiträge thematisch nicht immer streng beieinander, sondern widersprachen, ergänzten und kommentierten sich gegenseitig" (Historisches Museum Frankfurt 2017a).

Das älteste Freibad Frankfurts, das Stadionbad, war Untersuchungsgegenstand und Ausstellungsraum des zweiten Stadtlabors 2012: „Erste Schwimmversuche, große Liebe oder eingeschworene Freundeskreise. Mit dem Stadionbad verbinden sich schon immer Erinnerungen an sommerliche Erlebnisse. [...] Die zweite Ausstellung des partizipativen Ausstellungsformats Stadtlabor unterwegs brachte Erfahrungen und Erinnerungen von Badegästen zum Vorschein und erzählte die lange Geschichte des ältesten Freibads von Frankfurt" (ebd.). Die dritte Ausstellung widmete sich wieder einem Stadtteil Frankfurts, diesmal Ginnheim. Die Ausstellung wurde, ebenso wie alle anderen Stadtlabor-Ausstellungen, von Bewohnern des Stadtteils ko-kuratiert und bot viele Anknüpfungspunkte zur Mitgestaltung für die Besucher. Ebenso wie die Ausstellung im Stadionbad ging es 2014 wieder um einen zentralen und für die Frankfurter sehr wichtigen Ort: die Wallanlangen. „Die Open-Air Schau in den Wallanlagen hatte die Grünfläche selbst zum Gegenstand: Welche Bedeutung hat der Park auf der Fläche der ehemaligen Stadtbefestigung für das Leben heute in der Stadt? Über hundert Teilnehmer/innen arbeiteten ein Jahr lang an der Ausstellung und definierten gemeinsam Inhalte, Ausstellungsorte und Veranstaltungen" (ebd.). 2015 wurde eine partizipative Ausstellung mit Bewohnern des Viertels Gallus realisiert: „Ehemals Industriestandort und Arbeiterviertel Frankfurts, hat das Gallus inzwischen viel mehr und andere Facetten. Es ist ein Viertel – und ein Ganzes, dessen Einheit heute in der Vielfalt liegt. So vielfältig wie der Stadtteil, war auch die fünfte partizipative Stadtlabor unterwegs-Ausstellung" (Historisches Museum Frankfurt 2017c). Hatten die ersten vier Sommertouren die partizipative Gestaltung von Ausstellungen im Stadtraum zum Ziel, so erweitere sich die Zielsetzung des Stadtlabors in den Jahren 2015 und 2016: Neben dem Einfangen der Geschichten der Bewohner und der partizipativen Kuratierung und Präsentation an ausgewählten Orten außerhalb des Museums in innovativen Ausstellungsformaten kam die Erweiterung der Sammlung durch Outreach hinzu. Nun ging es dem Stadtlabor unterwegs verstärkt darum, mithilfe von Outreach diese Geschichten und Objekte für eine zukünftige Präsentation innerhalb des Museums und auf einer digitalen Plattform zu sammeln: „Institutionelles Outreach kann somit einerseits als innovatives Instrument der Kulturvermittlung in neuen Räumen und zugleich als Ermittlungs- und Erforschungsstrategie für die zukünftige Arbeit der Institution dienen. Bei letzterem fungiert es als Instrument der Wissensgenerierung über Interessen und Bedürfnisse derer, die bisher nicht zu den Besuchern der jeweiligen Institution zählen. [...] In diesem Sinne ist Outreach eine kollaborative Forschungsmethode für neue Themenfelder innerhalb von Kulturinstitutionen" (Heisig 2014: 232).

Jan Gerchow, Direktor des Historischen Museums Frankfurt bringt auf den Punkt, warum es so wichtig ist, mit dem Stadtlabor neue Wege in der Museumsarbeit zu gehen: „Das ist ein gewagtes Experiment für eine so träge Einrichtung wie ein Museum. Aber auch Museen müssen sich bewegen, wollen sie im 21. Jahrhundert noch ihr Publikum anziehen und Relevanz behalten" (Gesser/Mucha 2015: 5).

Institution: Das Historische Museum Frankfurt erzählt die Geschichte der Stadt Frankfurt und ihrer Bewohner mit einer Sammlung von über 600.000 Objekten in 15 Sammlungsbereichen. Die neue Dauerausstellung „Einst? und Jetzt!" wurde im Oktober 2017 neu eröffnet.

Outreach-Programm: Stadtlabor unterwegs; Beginn der Initiative: 2009.

Outreach-Kategorie: Community-Outreach/Digital-Outreach

4.1.3 Open Museum in Glasgow

Die Sammlungsobjekte direkt zu der Bevölkerung, hinaus aus den Museen, hinein in die Communities, bringt das „Open Museum". Als Outreach-Bereich der Glasgow Museums bereits 1990 gegründet, ist es integraler Teil des Museumsverbundes. Inzwischen gibt es um die 70 „Handling und reminiscence kits", also Gebrauchs- und Erinnerungsbaukästen zu verschiedenen Themen mit Originalobjekten aus den Sammlungen. Die Kits, die in Zusammenarbeit mit unterschiedlichen Communities der Stadtgesellschaft entstehen, werden an Gruppen in beispielsweise Alters- und Pflegeheimen, in Jugendclubs, Strafanstalten und Krankenhäuser verliehen – nicht jedoch an Schulen. Ziel ist explizit informelles Lernen und die Kommunikation innerhalb der Gruppe. Das ist der Unterschied zu den in Deutschland typischen „Museumskoffern", die vornehmlich an Schulen eingesetzt werden und mit bestimmten Lernzielen verbunden sind. Genau darum geht es beim Open Museum nicht. Die Gruppen können die Originalobjekte gebrauchen wie sie möchten, auf jeden Fall können sie sie anfassen. Eine Vorstellung, bei der so manches Kuratoren- und Restauratorenherz stehen bleiben könnte. Auf die Frage, wie denn das mit wertvollen Museumsobjekten möglich sei, antwortet einer der Mitarbeiter des Open Museums ganz selbstverständlich, dass die Bewohner von Glasgow die wertvollen Objekte seien, um die es ginge (vgl. Wunderlich 2011: 37). Hier wird deutlich: Outreach ist eine Einstellung, eine Art zu denken. Diese Haltung sollte sich durch alle Glasgow Museums ziehen, so die Auffassung des Open Museum-Gründungsdirektors Julian Spalding (vgl. Spalding 2010: 120).

Ein kleines Community-Museum und einzelne Ausstellungsräume in öffentlichen Gebäuden bieten die Möglichkeit für Gruppen, sich die Orte anzueignen, die Museumssammlungen zu gebrauchen und Ausstellungen zu erarbeiten, um für sie bedeutsame Geschichten zu erzählen. Dabei werden sie von den Museumsmitarbeitern professionell unterstützt. Zudem gibt es kleine flexible „Travelling Displays", zum Beispiel in Form einer Juke Box, die an Orten wie Bibliotheken, Shopping- oder Sportzentren gezeigt werden. Für kleinere Räumlichkeiten in der Community gibt es auch „table-top displays" zur Auswahl. Auf der Website des Museums ist immer aktuell nachvollziehbar, wo die Ausstellungseinheiten unterwegs sind.

Abbildung 11: Open Museum

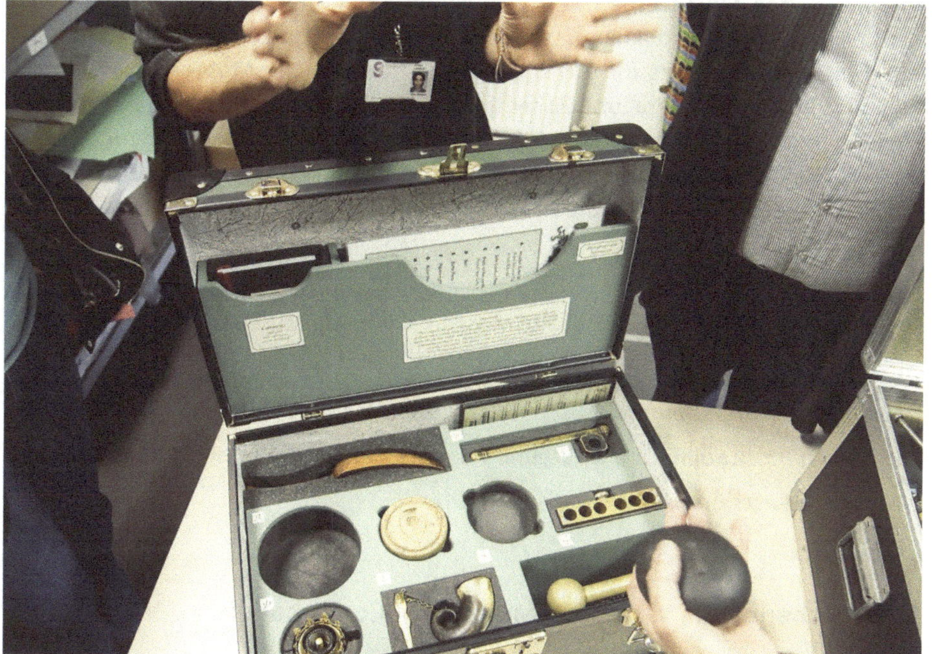

Handling Kit „Enigma" mit originalen Sammlungsobjekten, Fotomaterial, Kurzinformationen und einem „comments"-Heft für den Eintrag eigener Erinnerungen, Open Museum © Dagmar Wunderlich

„It's not just a museum, it's social space", sagt Martin Bellamy, Head of Research der Glasgow Museums, über das Kelvingrove Museum (vgl. Wunderlich 2011: 36). Dieses Museum ist eines von zehn Museumseinrichtungen, die zum Verbund der Glasgow Museums gehören. „Social experience", also die soziale Erfahrung, das zwischenmenschliche Erlebnis ausgelöst durch Museumsobjekte, sowie das Fördern des Selbstbewusstseins seiner Besucher sind Hauptziele nicht nur des Kelvingrove Museums, sondern aller Einrichtungen des Verbundes, die vor allem in der Gründung des Open Museums Ausdruck fanden. Diese Ziele leiten sich unter anderem aus der jüngeren Geschichte Glasgows ab. In den 1960er-Jahren erlitt die Stadt einen wirtschaftlichen Niedergang mit extrem hohen Arbeitslosenzahlen. Bis in die 1980er-Jahre hinein war das Bild Glasgows das einer düsteren, unansehnlichen Stadt. Dann beschlossen die nationale und kommunale Regierung sowie der Wirtschaftssektor zusammenzuarbeiten, um der Stadt ihre Selbstachtung wiederzugeben. 1990 wird Glasgow Europäische Kulturhauptstadt. Es zeigt sich, dass viel erreicht wurde, aber eben noch nicht für jeden in der Bevölkerung. So steht das Ziel der sozialen Inklusion auf der politischen Agenda und die Aufgabe der Museen als gesellschaftliche Institutionen ist es, diese Zielsetzung zu unterstützen.

Dafür musste sich das Selbstverständnis der Museen und ihr Blick auf die Besucher ändern: weg von der Vorstellung des Museumsbesuchers als passivem Konsumenten dessen, was ihm das Museum anbietet, hin zum aktiven Gestalter. „Access" und „Ownership" sind dabei zentrale Begriffe. Die Einstellung, dass die aus Steuern finanzierten Museen mit ihren Sammlungen der Öffentlichkeit gehören, wird in Glasgow in drei Aspekten besonders deutlich: freier Eintritt in die Glasgow Museums, Eröffnung des für alle zugänglichen Depots der Museen, des Glasgow Museums Resource Centre, und Zusammenarbeit mit den Communities und deren aktiver Umgang und Aneignen der Sammlungsobjekte im Open Museum. Schon bei der Gründung des Museums war die klare Idee: „The Open Museum was not just about breathing out but breathing in" (Spalding 2010: 121).

Institution: Glasgow Museums, ein Museumsverbund von insgesamt zehn Museen: Kelvingrove Art Gallery and Museum, Riverside Museum, the Gallery of Modern Art (GoMA), Scotland Street School Museum, St Mungo Museum of Religious Life and Art, Provand's Lordship, the Burrell Collection, the People's Palace, Glasgow Museums Resource Centre und das Open Museum.

Outreach-Programm: Open Museum, Outreach Service der Glasgow Museums

Outreach-Kategorie: Community-Outreach

4.1.4 Københavns Museum – Museum of Copenhagen

Das Museum of Copenhagen, das stadtgeschichtliche Museum der dänischen Hauptstadt, hat sich 2008 auf den Weg gemacht, sich und seine Arbeit radikal zu demokratisieren. In jenem Jahr wechselte die Museumsleitung und eine neue Mission wurde formuliert. Unter der Überschrift „purpose, assignments and responsibility" sind die Ziele des Museums auf der Website aufgeführt: „The Museum of Copenhagen aims to be a well-known and respected authority on the history of the capital and a relevant and accessible platform for the numerous citizen voices within the capital, e.g. when discussing the present quality of life within the city or the choices that must be made for the future" (Copenhagen Museum 2017a).

Das Museum definiert sich als relevante und zugängliche Plattform, auf der die unterschiedlichen Stimmen der Stadtbewohner Gehör finden und die Mehrstimmigkeit ernst genommen wird. Jakob Parby, der von Beginn an die Neuausrichtung des Museums mitgestaltet hat, sagt über die Zeit vor 2008: „We didn't reach out to people who weren't already interested" (Parby 2014). Das sollte sich mit zwei Outreach-Projekten ändern: dem „Nørrebo Outreach Project" und „The Wall".

Eine Besucherumfrage von 2008 ergab, dass insbesondere junge Menschen weder das Museum of Copenhagen noch Geschichte oder Archäologie als für sich interessant oder relevant ansahen. Dies war der Anlass, das „Nørrebo Outreach Project" zu entwickeln, das zwei Ziele verfolgte: Zum einen sollte die Sammlung des Museums diversifiziert werden, indem Geschichten und Objekte aus bislang unterrepräsentierten Bevölkerungsgruppen und Stadtteilen gesammelt wurden, „in this case focusing on Nørrebo, an area with a high degree of ethnic diversity and social conflict but also a melting pot of urban hybrid lifestyles and a thriving cultural life attractive to young inhabitants and visitors" (Giersing 2012: 93). Zum anderen sollte das Museum selbst diversifiziert werden, indem sich die Zusammensetzung des Personals änderte, das zu jenem Zeitpunkt aus einer weitestgehend homogenen Gruppe von Akademikern mit einem Durchschnittsalter von 43 Jahren bestand (s. ebd.). Im Zuge des Projekts wurden zehn junge Leute zwischen 18 und 25 Jahren aus Nørrebo für zwei Jahre im Museum angestellt. Sie sammelten, dokumentierten und stellten selbst Material zu ihrem Stadtteil her, das sie sowohl in einer eigenen Ausstellung präsentierten als auch als grundlegenden Bestandteil für das mobile Museum „The Wall" konzipierten.

Das Outreach-Projekt „The Wall" startete 2010 und endete im April 2017. „The Wall" war eine mobile, multimediale Installation und bestand aus einem zwölf Meter langen und zwei Meter hohen Touch-Screen, der in einem Container untergebracht war und in verschiedenen Stadtteilen Kopenhagens aufgestellt wurde. Ziel des Projekts war es, das Museum auf die Straße zu bringen und jedem den Zugang zum kulturellen Erbe der Stadt zu ermöglichen. Das Museum stellte eine Fülle an Bildern und Filmen aus dem Museumsarchiv zur Verfügung und lud die Passanten ein, diese zu nutzen, zu kommentieren und eigene Fotos der Sammlung des Museums durch Hochladen in „The Wall" hinzuzufügen. Bei Outreach und den damit verbundenen Partizipationsprozessen gehe es darum Kontrolle abzugeben, loszulassen, es gehe darum, so Parby, „planning how to lose control, figure out the best way to lose control" (Parby 2014).

Auf „der Wand" konnte man virtuell einen Spaziergang durch die Stadt machen, ganz bestimmte Orte auf einer Karte der Stadt finden und sich Fotos dazu aus der Vergangenheit und Gegenwart ansehen. Man konnte bestehende Fotos aus der Sammlung des Museums kommentieren. So bekommen Bilder eine Geschichte, werden in Kontexte gestellt. Auch eine Ressource für die Kuratoren im Museum. Bilder, die einen ansprechen, konnte man unter „my Copenhagen" speichern und jederzeit abrufen. Auch von zu Hause oder unterwegs auf mobilen Geräten. Durch „The Wall" war es möglich, „sein Kopenhagen" sowie die gesamte Sammlung im Stadtraum und ortsunabhängig im virtuellen Raum nicht nur zu besuchen, sondern auch durch das Hochladen von eigenen Fotos selbst etwas beizutragen. Bis zum Ende des Projekts wurden rund 9.000 historische und aktuelle Fotos hochgeladen. Diese Fotos jedoch wirklich zu einem Teil der Sammlung werden zu lassen, stelle laut Parby für das Museum immer noch eine Herausforderung dar. Es gebe Stimmen wie: „this is not really the collection, this is something else" (Parby 2014). Er frage sich, ob das nicht ein generelles Phänomen in Museen sei, die Sammlung und die Aktivitäten, die mit der Ausstellung verbunden sind, zu trennen. Ein bisschen „analoges" Museum fand sich auch bei the Wall. An beiden Seiten der Touch-Screens waren kleine Vitrinen eingelassen, in denen zum einen Objekte zum Stadtbezirk ausgestellt waren, in dem the Wall gerade gastierte, und zum anderen Ausstellungsstücke, die die Ausgrabungstätigkeiten des Museum of Copenhagen veranschaulichten.

Das Beispiel von „The Wall“ hat in der Museumsszene weltweit Anerkennung gefunden. Das El Paso Museum of History in Texas hat nun auch eine „Digital Wall“, die liebevoll „Digie“ genannt wird (El Paso Museum of History 2017). Neben einer großen „Wall“ im Museum ist das „Mini-Digie“ überall da unterwegs, wo die Menschen sind: zum Beispiel Klassenzimmern, Einkaufszentren oder Community-Centers. Auch das Museum in Texas hat mit der Gibson Group of New Zealand zusammengearbeitet, die schon „The Wall“ in Kopenhagen realisiert hatte.

„The Wall“ war ursprünglich für eine Projektdauer von vier Jahren angesetzt mit vier unterschiedlichen Stationen im Stadtraum. Sieben Jahre nach dem Projektstart war „The Wall“ immer noch in der Stadt präsent und dadurch auch das Museum selbst während seiner vorübergehenden Schließung aufgrund des Umzugs in ein neues Gebäude. Mit der Neueröffnung konkretisiert das Museum verschiedene Ziele, die als Teil einer dezidierten Outreach-Strategie verstanden werden können. Unter dem Titel „New museum on its way“ wird auf der Website erläutert wie das Museum seine Relevanz in der Stadtbevölkerung stärken möchte: „Secure lifelong learning through training and co-creation“; „Communicate in the city spaces to make sure that all citizens know about and take ownership to the cultural inheritance of the city“ (Copenhagen Museum 2017a).

Abbildung 12: The Wall, Museum of Copenhagen

The Wall, Museum of Copenhagen, © Caspar Miskin

Welchen Stellenwert Outreach im Museum of Copenhagen hat, wird auf der Website nicht nur im Kontext von Zielformulierungen deutlich, sondern auch bei der Darstellung der Bereiche und ihrer Mitarbeiter. Der Bildungsbereich wird mit „Public Outreach and Learning" betitelt. Es zeigt sich anhand der Verteilung der personellen Ressourcen eine Schwerpunktsetzung auf den Outreach-Bereich. Während hier fünf Mitarbeitende vorgestellt werden sind es im Bereich „Learning" zwei Angestellte (vgl. Copenhagen Museum 2017b).

Ein Satz von Parby in Bezug auf „The Wall" bringt die Haltung des gesamten Museums auf den Punkt: „We wanted to become less and less a museum's wall and more and more a wall of the public" (Parby 2014).

Institution: Københavns Museum – Museum of Copenhagen, stadtgeschichtliches Museum von Kopenhagen, das auch für die archäologischen Ausgrabungen der Stadt zuständig ist

Outreach-Programme: Nørrebo Outreach Project und The Wall

Outreach-Kategorie: Community-Outreach, Mischform von Community-Outreach und Digitial-Outreach

4.1.5 Das Rijksmuseum Amsterdam

Outreach ist ein Denken über die traditionellen Grenzen des Museums hinaus: „In funktional ausdifferenzierten Gesellschaften existieren räumlich definierte kulturelle Orte, z.B. Museen, Bibliotheken und Theater. Diese Räume wiederum konstituieren Verhalten: Architekturen bestimmen Kultur und ihre Vermittlung, beispielsweise in Museen und Theatern. Sowohl eine Ausstellung als auch eine Inszenierung folgt einer Struktur, die durch den Funktionsraum Museum bzw. Theater vorbestimmt ist. Was passiert, wenn Kulturinstitutionen ihre angestammten, architektonisch definierten Räume verlassen?" (Heisig 2014: 230)

Im Folgenden wird dargestellt, wie das Rijksmuseum Amsterdam mit einer digitalen Outreach-Strategie völlig neue, digitale Räume erschließt. Das Rijksmuseum in Amsterdam ist seit 1885 das Nationalmuseum der Niederlande: ein Museum, das den Künsten, dem Handwerk und der Geschichte gewidmet ist. Ein Museum, das sich der Aura der Originalobjekte verpflichtet hat und dafür nicht zuletzt in einer zehnjährigen Umbauzeit von 2003 bis zur feierlichen Wiedereröffnung 2013 den innenarchitektonischen Rahmen für die Präsentation der bedeutendsten Kunstwerke niederländischer Malerei geschaffen hat. Während der Umbauzeit wurde nicht nur das Gebäude entkernt und die gesamte Präsentationsfläche neu konzipiert. Es wurde zudem eine völlig neue Strategie für den digitalen Raum entwickelt, in der Outreach als Haltung sehr deutlich wird.

Das Rijksmuseum wurde 2015 mit dem „European Museum of the Year Award" ausgezeichnet. Besonders beindruckend fand die Jury des European Museum Forum (EMF) die Outreach-Aktivitäten des Museums, insbesondere die im digitalen Raum: „Online communication forms a growing part of the Rijksmuseum's outreach agenda. It is motivated by the idea that museums should do everything possible to bring their collections to the public – even if that means interaction takes place online, rather than in the space of a gallery" (McCullum 2015).

Outreach ist Teil des Mission-Statements des Rijksmuseums: Eines der wichtigsten Ziele des Museums ist es, jedes Kind in den Niederlanden bis zum Alter von 12 Jahren zu erreichen. Für die Umsetzung verfolgt das Rijksmuseum unterschiedliche Ansätze. Dazu zählen Maßnahmen, wie kostenlose Bustouren zum Museum, freier Eintritt für Besucher unter 18 Jahren und im Bedarfsfall die Übernahme der Kosten für die Teilnahme an bestimmten Programmen durch den Freundeskreis des Museums.

Verschiedene Bildungsprogramme wurden größtenteils partizipativ mit den jeweiligen Adressaten zusammen konzipiert und umgesetzt. Hierbei kamen unterschiedliche Medien und Elemente aus dem Gaming zum Einsatz. Für Schüler wurden Videotutorials und kurze Clips zu ausgewählten Kunstwerken produziert und auf der niederländischen Plattform „School-TV" zur Verfügung gestellt. Diese fanden Eingang in das Gesamtkonzept der Vermittlungsarbeit. Das Museum hat große Teile seiner Sammlung hochauflösend digitalisiert und frei von Copyright zur individuellen Weiternutzung auf einem eigens dafür konzipierten Portal namens Rijksstudio auf der Museumswebseite zur Verfügung gestellt. Zur Vorbereitung eines Museumsbesuches im Unterricht sind zudem verschiedene digitale Ausstellungen und Begleitmaterial online abrufbar (Rijksmuseum 2017).

Das Rijksmuseum setzt Outreach als strategisches Instrument ein, um seine Ziele zu erreichen. Grundlage der gesamten digitalen Strategie des Rijksmuseums ist der Wunsch danach, mehr Menschen nicht nur passiv zu erreichen, sondern sie zu aktiven (Kultur-)nutzern zu machen: ob im digitalen oder realen Raum ist dabei für das Rijksmuseum nicht von Bedeutung. Einer der Initiatoren der digitalen Strategie, Peter Gorgels, beschreibt in einem Paper für die Konferenz „Museums and the Web" 2013 das Herzstück der digitalen Strategie wie folgt:

„In anticipation of its reopening on April 13, 2013, the Rijksmuseum in Amsterdam launched Rijksstudio, the new online presentation of 125.000 works in the collection. Rijksstudio invites members of the public to create their own masterpieces by downloading images of artworks or details of artworks in the collection and using them in a creative way. The ultra high-resolution images of works, both famous and less well-known, can be freely downloaded, zoomed in on, shared, added to personal 'studios', or manipulated copyright-free. Users can have prints made of entire works of art or details from them. Other suggestions for the use of images include creating material to upholster furniture or wallpaper, or to decorate a car or an iPad cover for example" (Gorgels 2013).

Ein bedeutender Teil der Sammlung wurde wie bereits beschrieben hochauflösend digitalisiert und steht nun weltweit zur freien Verwendung zur Verfügung. Die Nutzer der Webseite können eigene digitale Ausstellungen kuratieren und teilen. Sie können sich die Digitalisate in hoher Auflösung herunterladen, um sie zu transformieren und etwas völlig Neues damit zu kreieren, wie zum Beispiel Kleidungsstücke, Möbel, Geschirr und vieles mehr. Das Rijksstudio wurde 2013 mit einer landesweiten Kampagne in der Öffentlichkeit bekannt gemacht. „The museum has launched a parallel campaign with a physical pop-up Rijksstudio. The campaign kicked off at the De Bijenkorf department store in major cities nationwide. A dedicated team assisted visitors in making creative products using online tools and onsite equipment such as textile printers and laser cutters" (Gorgels 2013).

Das Rijksmuseum zeigt, wie eine Kultureinrichtung durch Digital-Outreach die kreative Aneignung und Nutzung, das bewusste Remixen und Neukontextuieren der Daten und Digitalisate ermöglichen kann. Damit setzt das Museum neue Aneignungs- und Transformationsprozesse, die durch die Digitalisierung entstehen, um. „Three years ago, Martijn Pronk, head of Publications at the Rijksmuseum, and his team launched the Rijksstudio, an initiative encouraging designers to use artworks from the Museum in their own creations. Crazy idea? Yes. When the initiative was announced, the museum community went berserk. Sacrilege! Genius!

Madness! Amazing! Whatever, the designers replied. It's not everyday that you get to use Vermeer masterpieces for free. They happily started designing away and inventing objects, clothes, and buildings inspired by the works of art" (We are Museums 2015).

In der Haltung derjenigen, die die Strategie und das Rijksstudio entwickelt haben, spiegelt sich der per se partizipative und kollaborative Gedanke der „Offenheit/Openness" wider. Die sich ursprünglich aus dem Informatik-Gedanken der quellcode-offenen und freien Software entwickelnde Open-Bewegung umfasst mittlerweile viele verschiedene Teilbereiche, unter anderem Open-Data/Open-Government im politisch-gesellschaftlichen, Open-Science im wissenschaftlichen, Open-Culture im kulturellen und Open-Education im Bildungsbereich. Eine Forderung der Open-Bewegung ist die Offenlegung und Maschinenlesbarkeit von öffentlichen Daten, von wissenschaftlichen Forschungsergebnissen, ebenso wie von Digitalisaten kultureller Artefakte. Ein wichtiger Teilaspekt ist neben der Offenlegung von Daten auch die Bereitstellung von digitalen Schnittstellen, die eine Weiternutzung und Transformation der Daten überhaupt erst ermöglichen. Diese offene und partizipative Grundhaltung wird in folgendem Zitat deutlich: „One of our directors once said: I don't care if you print Vermeer on toilet paper. As long as you use OUR Vermeer" (We are Museums 2015). Und die Aura des Kunstwerkes? Peter Gorgels, Digital Manager im Rijksmuseum und für das Rijksstudio verantwortlich, stellte seinem Publikum auf der Konferenz „Museums and the web" 2013 genau diese rhetorische Frage, indem er in seiner Präsentation eines der bekanntesten holländischen Kunstwerke des Goldenen Zeitalters unter der Überschrift „Aura lost?" neben ein Porträt von Walter Benjamin stellte und die Frage aufbrachte, was denn wohl passieren würde, wenn man Kunstwerke im Zeitalter der digitalen Reproduzierbarkeit und völligen Transformierbarkeit komplett offen zugänglich machen würde? Es entsteht eine virtuelle Aura, die Susan Hazan schon 2001 folgendermaßen beschrieb: „We recognize the inextricable link between art and culture, yet we are awed by what we do not fully understand. When we are able to step back and maintain critical distance from these experiences and appreciate the craftsmenship of the new medium, we might even be able to discern the patina of human endeavor and regain in some way the lost aura: the virtual aura" (Hazan 2011). Oder, um es mit den Worten von Martijn Pronk etwas weniger wissenschaftlich auszudrücken: „Three years later, the museum is still standing and the initiative has done well beyond expectations" (We are Museums 2015).

Institution: Nationalmuseum der Niederlande, den Künsten, dem Handwerk und der Geschichte gewidmet. Es verwahrt neben einer großen Sammlung der Malerei aus dem Goldenen Zeitalter der Niederlande auch eine umfassende Sammlung asiatischer Kunstobjekte und Artefakte zur niederländischen Geschichte. Das Rijksmuseum zeigt etwa 8.000 Exponate und hat rund 2,2 Mio. Besucher im Jahr.

Outreach-Programm: Rijksstudio

Outreach-Kategorie: Digital-Outreach

4.2 Praxisbeispiele aus dem Opern- und Orchesterbereich

Als Inspirationsquelle aus der Praxis lohnt für Museen in jedem Fall ein Blick auf Outreach-Programme in anderen Kunstsparten. Im Folgenden werden zwei Beispiele aus dem Opern- und Orchesterbereich vorgestellt, die zeigen, dass Outreach bereits in verschiedensten Formen angewandt wird.

4.2.1 Komische Oper Berlin

Im Jahr 2011 startete die Komische Oper Berlin das Projekt Selam Opera!, um an die Menschen in der Bevölkerung heranzutreten, „die man bisher nicht gekriegt hat", so Mustafa Akça, der Projektleiter. Ein Schwerpunkt sollte dabei auf der Ansprache der türkischstämmigen Bevölkerung Berlins liegen. Als Akça, der vorher als Quartiersmanager tätig war, mit seiner Arbeit anfing, schaute er sich den Kinderchor der Oper an und der „war autochthon deutsch", sagt Akça. „Ein erster Schritt, um Diversität ins Publikum zu kriegen, war, Kinder für unseren Kinderchor zu gewinnen, die jetzt nicht die herkömmlichen Kinder sind, die man so erwartet" (Akça 2017). Für die Anwerbung neuer Chormitglieder schaltete das Opernhaus beispielsweise Werbung über den türkischen Radiosender Metropol FM und kommunizierte sein Anliegen über die Quartiersmanagementbüros der Stadt. Dabei spielten die Begriffe Migration oder Integration keine Rolle. Es hieß, man suche die Stars von Morgen, Kinder im Alter zwischen 6 und 16 Jahren, die Lust am Singen hätten. Heute haben etwa ein Drittel der Kinder im Chor türkische Wurzeln und es muss keine Werbung mehr gemacht werden „in den Kreisen, wo man halt noch kein Publikum hatte – in den migrantischen Kreisen" (ebd.). Es spricht sich herum und die Mund-zu-Mundpropaganda ist essentiell. Die Familien besuchen das Opernhaus und sind stolz, dass ihre Kinder mitsingen. Für Akça ist der Kinderchor das „Rückenmark des Projektes" Selam Opera!.

Hinter „Selam Opera! – das interkulturelle Projekt der Komischen Oper Berlin", wie es auf der Internetseite heißt (Komische Oper 2017) und das direkt bei der Dramaturgie angesiedelt sowie mit der Marketing-Abteilung verbunden ist, stecken viele verschiedene Aktivitäten.

Abbildung 13: Operndolmuş der Komischen Oper Berlin

Operndolmuş der Komischen Oper Berlin, © Robert Recker

Bekannt ist das Projekt „Operndolmuş", das 2017 von der Beauftragten der Bundesregierung für Kultur und Medien (BKM) mit dem BKM-Preis Kulturelle Bildung ausgezeichnet wurde. Es ist seit der Spielzeit 2012/13 unterwegs und seit 2014 zusätzlich mit einem Operndolmuş für Kinder. Dolmuş heißt auf Türkisch „gefüllt" und bezeichnet eine Art Sammeltaxi, das erst losfährt, wenn genügend Plätze besetzt sind. Der Operndolmuş wird mit Sängern und Musikern gefüllt. Bei dem Namen wisse man, so Akça, „dass es ein bewegliches Projekt ist" (Akça 2017). Der Qualitätsaspekt ist bei dem Projekt zentral: „Aus Erfahrung kann ich sagen, dass es viele derartige aufsuchende Projektarbeit gibt. Unser Pfund ist dabei, dass wir mit Sängerinnen und Sängern sowie mit Orchestermusikerinnen und -musikern, die normalerweise auf der großen Bühne der Komischen Oper Berlin stehen, zu den Menschen hingehen. Diese Professionalität und Leidenschaft der Künstlerinnen und Künstler kommt bei dem Publikum sehr gut an und unterstreicht die Ernsthaftigkeit unseres Vorhabens" (ebd.). In den Begegnungszentren, Senioren-Freizeitstätten oder anderen Treffpunkten in der Stadt, die der Operndolmuş etwa 20 Mal im Jahr mit zusätzlichen Einsätzen, wie zum Beispiel beim Tag der Vielfalt, besucht, gibt es keinen trennenden Orchestergraben und der Publikumskreis ist klein. Die Themen des Operndolmuş sollen alle Menschen gleichermaßen betreffen. Anfänglich war das universelle Thema „die Liebe" der rote Faden des Programms und gesungen wurde in verschiedenen Sprachen – Carmens Habanera zum Beispiel auf Türkisch. Dann wurde die Gastarbeiterroute thematisiert und 2017 lautete der Titel des Programms „in zwei Heimaten zuhause". Die Aufführungen dauern 45 Minuten und daran schließen sich etwa 15 Minuten Fragen und Antworten an. Genau dieser Austausch danach ist für das Team der Oper jedes Mal „wie eine Wundertüte" wie Akça es ausdrückt, denn „die ganzen Anekdoten, die Fragestellungen, das können wir wieder verarbeiten in eine neue Geschichte. Das nehmen wir mit" (ebd.). Ein konkretes Beispiel für das, was aus diesen Begegnungen und Gesprächen erwächst, welche Ideen aus der Bevölkerung von der Komischen Oper Berlin aufgegriffen werden, ist die „Opernreise. Auf den Spuren der Gastarbeiterroute". Dabei fuhr der Operndolmuş die mehr als 3.000 km lange Strecke entlang, die auch viele Arbeitsmigranten unzählige Male auf dem Weg zu Besuch in ihre Heimatorte zurücklegten. Ein weiteres Beispiel ist die Uraufführung der Kinderoper die Bremer Stadtmusikanten. Dieses Märchen ist in der ganzen Türkei bekannt und beliebt und wird für die Bühne der Komischen Oper von einem türkischen Komponisten vertont. Nicht nur aus der Bevölkerung kommen neue Ideen, sondern immer mehr auch von den Mitarbeitern der Oper. „Es ist auch ein Feuer entfacht in der Oper selbst!" sagt Akça.

Für Selam Opera! stellt die Oper die strukturellen Rahmenbedingungen, wie zum Beispiel die Sänger und Musiker, die Instrumente, die Probebühne sowie den Projektleiter und einen Mitarbeiter für das Marketing des Projekts. Des Weiteren fließen Drittmittel ein. Die Frage nach der Festlegung von messbaren Zielen verneint Akça. Nachhaltigkeit könne man, so seine Meinung, nicht in Zahlen fassen. Als sein persönliches Ziel nennt er, die Opernleitung davon überzeugen zu können, „dass es auf der Straße draußen so viele Geschichten gibt, die wir nicht aus Büchern lernen können. Es gibt so viel, was man auf die Bühne bringen könnte und es würde den Zahn der Zeit treffen. Das sind Dinge, die erzählenswert sind, die uns betreffen. Die sind mal lustig mal traurig, mal weint man, mal lacht man"(ebd.). Herausforderungen im Projekt seien laut Akça beispielsweise Anrufe von Menschen, die sagen, dass die Komische Oper Berlin doch einen Migrantenchor hätte und dann ruhig zu bleiben und zu sagen, man hätte keinen Migrantenchor, sondern einen Kinderchor. Wichtig sei auch, sich nicht instrumentalisieren zu lassen, die Qualität hochzuhalten, nicht für die Leute etwas zu machen, sondern mit ihnen, die Leute nicht nur zu bespielen, sondern mitspielen zu lassen und das mit offenem Ergebnis. Authentizität sei eine Herausforderung. Nicht nur einfach etwas machen, weil man denkt es sei schick (vgl. ebd.).

Die Lessons Learned des Projekts bringt Akça so auf den Punkt: „Das Projekt muss sich der Stadtgesellschaft anpassen. Die ändert sich permanent. Die Themen sind andere und es kommen immer neue Themen auf uns zu. Das Projekt hat eine Verantwortung" (ebd.).

Und wie geht es weiter mit Selam Opera!? Akça wünscht sich, dass das, was das Programm ausmacht, zur Normalität wird, dass niemand mehr von einem „migrantischen Kinderchor" spricht und dass das, was auf der großen Bühne stattfindet, für Menschen aller Kulturen und Religionen sei. „Wenn das Interesse für das Projekt verflogen ist und wir es trotzdem weitermachen, dann ist das Ziel erreicht" (ebd.).

Institution: Die Komische Oper Berlin begreift sich als Opernhaus für alle und steht für modernes, zeitgemäßes Musiktheater mit einem Repertoire von Barockoper bis Musical.

Outreach Programm: Selam Opera!

Outreach-Kategorie: Community-Outreach

4.2.2 Deutsches Symphonie-Orchester Berlin

Die Bilder von dem Ereignis gingen um die Welt und schafften es in Deutschland in die Tagesschau-Nachrichten: Unter dem Motto „Ihr spielt die Musik" kamen im Mai 2016 rund 1.000 Menschen im Atrium der Mall of Berlin unter der Leitung des ehemaligen Chefdirigenten des Deutschen Symphonie-Orchesters (DSO) Kent Nagano zusammen, um gemeinsam mit den Mitgliedern des Orchesters zu musizieren. Die Grundidee hinter dem Projekt „Symphonic Mob": Ein Spontanorchester, bei dem jeder dabei sein kann, spielt zusammen mit Profimusikern ein Spontankonzert irgendwo im öffentlichen Raum. Um dabei zu sein, muss man auch kein Instrument beherrschen. Dem orchestralen Mob wird ein Chor an die Seite gestellt.

Den ersten Symphonic Mob hat das DSO bereits 2014 durchgeführt. Die Inspiration zum Mob kam aus Kanada und das DSO hat die Idee weiterentwickelt. Das Profiorchester bietet für jeden, der möchte, eine Probe an. Die Noten der Stücke für den Auftritt stehen im Internet für jeden zum Üben zur Verfügung, können heruntergeladen und ausgedruckt werden. Das Besondere ist, dass das DSO neben den Originalnoten vereinfachte Fassungen erarbeiten lässt, damit wirklich jeder mitmachen kann. Wer sich zum Üben noch gerne Tipps von den Profis geben lassen möchte, für den gibt es Video-Tutorials. Für alle Stücke und Stimmen sind zudem Play-along-Files, also einzelne Instrumentalstimmen zum Anhören und Mitspielen, bereitgestellt.

In den Jahren 2016 und 2017 wurde der Symphonic Mob mit Geldern der Kulturstiftung des Bundes unterstützt, um ihn neben Berlin auch in Bremen, Köln und Frankfurt (Oder) sowie in Mecklenburg-Vorpommern mit Partnerorchestern umsetzen zu können. Auch künftig soll die Idee des Symphonic Mob weitergetragen werden. Sebastian König, der Orchestermanager des DSO, sagt: „Nach Abschluss des Projekts geben wir das Konzept zur Nachahmung frei und freuen uns, wenn es deutschlandweit kopiert wird. Denn dies ist nichts, was man für sich in seinem stillen Kämmerlein aufheben sollte. Diese Idee bringt Musik wieder in den öffentlichen Raum, das bringt Partizipation und Interaktion mit uns Musikern" (König 2017).

Neben dem Symphonic Mob als Projekt im Bereich Community-Outreach, realisiert das DSO mit dem Kammermusikprojekt seit der Spielzeit 2015/2016 noch ein weiteres Projekt, das vornehmlich den Ansatz von School-Outreach verfolgt. Es entstand auf Anregung von Orchestermusikern, die Kinder und Jugendliche an Schulen in und um Berlin ab Klassenstufe 5 bis zur Oberstufe coachen und zusammen mit ihnen das Erarbeitete in Präsentationskonzerten darbieten. Dieses Projekt ist so erfolgreich, dass eine Fortführung für die Zukunft angestrebt wird.

Ein weiteres Projekt, der Remix-Wettbewerb 2015 und 2016, fällt dezidiert in den Digital-Outreach-Bereich. Hinter diesem Projekt steht die Idee, dass mit der fortgeschrittenen digitalen Technologie und dem Fakt, dass fast jeder ein Smartphone zur Verfügung hat, für jeden die Möglichkeit besteht, Töne, Geräusche und musikalische Vorlagen selbst zu bearbeiten. Zudem eigne sich klassische Musik sehr gut, um Material für das Remixen zu liefern. Das DSO tat dies mit speziell für das Projekt eingespielten Klangbausteinen aus einzelnen Instrumentalstimmen, als Urmaterial oder „DNA" der Musikwerke. Normalerweise höre man diese ja nur „tutti" mit dem gesamten Orchester und nicht isoliert (vgl. König 2017). Das Orchester lobte mit diesem Material den Remix-Wettbewerb aus und stellte den Umgang mit dem Material für die Teilnehmenden bewusst vollkommen frei. Hauptsache, der Umgang war kreativ. Das DSO hatte mit Wettbewerbsteilnehmenden aus Deutschland oder dem angrenzenden europäischen Ausland gerechnet. Als die Ausschreibung auf dem Blog der New York Times erschien, schlug das Projekt weltweite Wellen. Für ein Orchester, das auch weltweit auf Tournee geht, ein äußerst positiver Effekt.

Das Ziel der Outreach-Projekte ist natürlich auch, so König: „die Marke DSO zu stärken und die Interaktion mit möglicher interessierter ‚Kundschaft' auszubauen. Jeder will gehört werden und wir wollen das, was wir machen, nicht im luftleeren Raum machen. Es geht nicht nur darum, ein Publikum für die Zukunft zu gewinnen, sondern Menschen von unserer Kunstform zu begeistern und ihr eine Relevanz zu geben" (ebd.). Ob diese Ziele durch die Outreach-Arbeit erreicht werden, ist nicht beweisbar, ob Publikum in den Konzertsaal kommt, weil es vorher am Symphonic Mob teilgenommen hat, nicht eindeutig nachzuvollziehen. Man sieht, wie viele Teilnehmer der Mob hat, wie viele Menschen die Remix-Wettbewerbsseite anklicken und das steigende Interesse bei der Teilnahme am Kammermusikprojekt. Das, was dem DSO wichtig ist, die emotionale Bindung an das Orchester, ist nicht messbar. Dass insgesamt eine Nähe zum Klangkörper durch die Projekte entstehe, zeige sich daran, dass Orchestermitglieder heute immer noch angesprochen werden, dass sie zum Beispiel damals beim Mob zusammen in der Flötengruppe gespielt haben, bei der es um die 70 Flötenspielende gab.

Die Herausforderung bei den Projekten ist personeller Natur. Für die Organisation der Outreach-Aktivitäten ist eine freie Mitarbeiterin zuständig. Der Education- oder Musikvermittlungsbereich ist als eigenständiger Bereich direkt bei der „künstlerischen Planung" angesiedelt. Der Tarifvertrag für die Musiker sieht seit 2009 vor,

Abbildung 14: Symphonic Mob des DSO mit Kent Nagano 2016

Symphonic Mob des DSO mit Kent Nagano, © Kai Bienert

dass die Arbeitsstunden auch im Education-Dienst geleistet werden können. Und davon kann jeder Musiker freiwillig und flexibel Gebrauch machen. Auch hier zeigt sich, dass sich die erfolgreiche Outreach-Arbeit nach innen auswirkt. Die Education-Arbeit wird von den Musikern als großes Thema und wichtiger Teil der Arbeit wahrgenommen. Dies ist auch abzulesen an den zahlreichen Vorschlägen, „was man noch alles machen könnte", aus den Reihen des Orchesters (König 2017).

Das DSO lotet mit seinen Outreach-Aktivitäten die Möglichkeiten aus, Teil der Internetkultur und Teil der alltäglichen Musikkultur zu sein. Das Orchester traut sich, Ideen auszuprobieren, um dann zu sehen, ob es von der Community angenommen wird. „Trial and Error," sagt König, „wir versuchen die Impulse, die uns die Stadt, die uns das Land, die uns die Gesellschaft gibt, aufzugreifen und schauen, wo wir da andocken können" (ebd.).

Institution: Das Deutsche Symphonie Orchester Berlin mit der Hauptspielstätte Philharmonie Berlin hat über 100 festangestellte Musiker und ein Publikum von ca. 80.000 Personen im Jahr, mit weltweiter Tourneetätigkeit.

Outreach-Programm: mehrere Projekte

Outreach-Kategorie:

Symphonic Mob: Community-Outreach
Remix Wettbewerb: Digital-Outreach
Kammermusikprojekt: School-Outreach

4.3 Exkurs: Outreach im Bibliothekswesen und in der Wissenschaft

Im angloamerikanischen Raum hat Outreach in Museen eine lange Tradition und ist eine etablierte Strategie, um auf eine Diversifizierung der Besucherschaft hinzuarbeiten und eine Veränderung der Organisationskultur zu bewirken. Outreach als Strategie, mit bisher unterrepräsentierten Bevölkerungsgruppen in Kontakt zu treten ist dort besonders im Bibliothekswesen seit langem anerkannt und wird in der praktischen Arbeit umgesetzt. Die Grundlage für Library-Outreach ist der gesellschaftliche Anspruch auf kulturelle Teilhabe, denen sich die öffentlichen Bibliotheken verpflichtet fühlen: „[...] that the public library has a duty to reach out to those who are confined to their homes or an institution. [...] that all members of society have a right to receive an adequate library service whatever their circumstances" (Bramley 1978: 7).

Auch im 21. Jahrhundert ist dieses Verständnis der eigenen Rolle im Bibliothekswesen der USA präsent: „Most libraries, public and private, recognize outreach as part of their mission and obligation to the community" (Schneider 2003: 199). Die American Library Association (ALA), der weltweit älteste und größte Bibliotheksverband mit über 58.000 Mitgliedsinstitutionen im öffentlichen, akademischen, schulischen und politischen Bereich stellt auf ihrer Webseite unter dem Oberbegriff „Community Engagement and Outreach" verschiedene Materialien, Strategien, Best-Practice-Beispiele und Fortbildungsangebote zur Verfügung. Damit werden die Mitgliedsorganisationen dabei unterstützt, dem Anspruch der Bevölkerung auf Teilhabe am Angebot der Bibliotheken gerecht zu werden. Das Verständnis der ALA von Outreach entspricht der von den Autorinnen 2014 eingeführten Definition und Matrix von Outreach. Die ALA setzt Outreach nicht nur als Marketinginstrument ein, um die Bibliotheken einer breiten Öffentlichkeit bekannt zu machen, sondern auch als aufsuchende Bibliotheksarbeit in Form von sogenannten Book-Mobiles oder Book-Bikes. Als strategisches Instrument zur Veränderung der gesamten Organisationskultur einer Bibliothek wird Outreach ebenfalls in den USA eingesetzt (vgl. American Library Association 2017). Outreach als ganzheitliche Strategie zur Veränderung der Organisationskultur, wie im angeführten Verständnis der ALA, ist im deutschen Bibliothekswesen weitestgehend unbekannt.

Ein Zweig, der auch in Deutschland in den letzten Jahren zunehmend an Relevanz gewonnen hat, ist Science-Outreach. Erin Dolan, Autorin der 2008 erschienenen Publikation „Education Outreach and Public Engagement" beschreibt die Gründe dafür wie folgt: „With enhanced public accesibility of science information, increased demand for a scientific literate workforce and citizenry, stipulations from funding agencies to broaden the impact of science research, and changing reward systems at universities, scientists are looking for ways to engage the public in their work" (Dolan 2008: 1).

Eine Vielzahl bedeutender Universitäten, wie beispielsweise die Stanford University, die University of Oxford und das Massachusetts Institute of Technology (MIT) in den USA und Großbritannien verfügen mittlerweile über Outreach-Abteilungen und bieten verschiedene Outreach-Programme an.

Die University of Georgia gründete 1996 das „Journal of Higher Education Outreach and Engagement" mit dem Ziel, „to serve as the premier peer-reviewed, interdisciplinary journal to advance theory and practice related to all forms of outreach and engagement between higher education institutions and communities" (University of Georgia 2017). Die seit über 20 Jahren mehrmals jährlich erscheinende Online-Publikation umfasst folgende Kategorien von Beiträgen:

"The Journal of Higher Education Outreach and Engagement (JHEOE)

The mission of the *JHEOE* is to serve as the premier peer-reviewed, interdisciplinary journal to advance theory and practice related to all forms of outreach and engagement between higher education institutions and communities.

This includes highlighting innovative endeavors; critically examining emerging issues, trends, challenges, and opportunities; and reporting on studies of impact in the areas of public service, outreach, engagement, extension, engaged research, community-based research, community-based participatory research, action research, public scholarship, service-learning, and community service.

The *JHEOE* invites manuscripts in five categories:

1. **Research Articles:** Quantitative, qualitative, or mixed-method studies that demonstrate the long-term impact of a university-community engagement project on the community, students, faculty and staff, or the institution.
2. **Reflective Essay:** Thought provoking examinations of current issues related to university-community engagement that are anchored in the literature.
3. **Projects with Promise:** Descriptions of early-stage university-community engagement projects with early indications of impact; plan for long-term evaluation; plan for how the project will be sustained; and best practices for the reader to emulate.
4. **Book Reviews:** Reviews of books related to university-community engagement that go beyond mere description of the contents to analyze and glean implications for theory and practice.
5. **Dissertation Overviews:** Dissertation summaries of methods used to examine topics related to university-community engagement."

The Guiding Principles for the JHEOE include high expectations for rigorous scholarship and clarity of presentation" (University of Georgia 2017).

Science-Outreach hat in den USA und Großbritannien sowohl in der praktischen Umsetzung als auch in der wissenschaftlichen Evaluation von Programmen eine lange Tradition. Auch die deutsche Wissenschaftslandschaft erhebt vermehrt den Anspruch, ihre Forschungsergebnisse für eine breitere Öffentlichkeit verständlich aufzubereiten und zu kommunizieren. Die für die praktische Umsetzung erforderlichen Werkzeuge, wie sie beispielsweise das oben erwähnte „Journal of Higher Education Outreach and Engagement" bietet, fehlen jedoch in Deutschland.

Allerdings existieren vielversprechende Ansätze und Beispiele. Im Verständnis von Outreach als Marketinginstrument sind dies beispielsweise Initiativen wie die Kinder-Universitäten, ebenso wie die seit 2000 stattfindende Lange Nacht der Wissenschaften oder das im gleichen Jahr ebenfalls vom Bundesministerium für Bildung und Forschung (BMBF) in Zusammenarbeit mit der Initiative Wissenschaft im Dialog initiierte Wissenschaftsjahr.

Aufsuchende Wissenschaftsvermittlung in Form von mobilen Ausstellungen findet beispielsweise über die mittlerweile erfolgreich abgeschlossene Initiative NanoTruck und die Initiative BIOTechnikum durch das BMBF statt. Die MS Wissenschaft ist ebenfalls ein gelungenes Beispiel für mobile Wissenschaftsvermittlung: ein umgebautes Frachtschiff lädt mit Ausstellungen zum Mitmachen und Ausprobieren und einem Veranstaltungsprogramm mit Workshops und Vorträgen zum direkten Erleben von Wissenschaft ein. Die Themen und Inhalte der MS Wissenschaft sind an den Themen der jeweiligen Wissenschaftsjahre orientiert.

Die vorgestellten Initiativen sind beispielhafte Modellprojekte, jedoch fehlt bislang in Deutschland ein Verständnis für ganzheitliche Science-Outreach-Strategien, die durch Ministerien oder institutionsübergreifende Forschungsverbände initiiert und gefördert werden. Einen ersten Schritt in diese Richtung unternimmt die Leibniz-Gemeinschaft mit der Förderung des Forschungsprojekts „Kiel Science Outreach Campus (KiSOC)". KiSOC ist einer der WissenschaftsCampi der Leibniz-Gemeinschaft und hat zum Ziel, „die Konzeption und Wirkung verschiedener Maßnahmen zu untersuchen, die Wissenschaft an verschiedene Zielgruppen der Gesellschaft transportieren. Damit soll die Forschungslücke geschlossen werden, die derzeit besteht: Initiativen gibt es viele, Erkenntnisse über deren Wirkungen und Wirkbedingungen wenig" (KiSOC 2017). Untersucht werden die Anforderungen und Wirkungen verschiedener Kommunikationsformate ebenso wie die Rolle der Kommunikatorinnen und Kommunikatoren. Die Entwicklung eines gemeinsamen Rahmenmodells ist Bestandteil des Projektes.

5. Outreach als strategisches Diversity-Instrument

Die historische Entwicklung von Museen zeigt, dass die Frage der Gewinnung einer diverseren Besucherschaft schon von Beginn ihrer Gründung an relevant ist. Mehrere Faktoren tragen dazu bei, dass Museen heute nicht mehr umhinkommen, Lösungen für diese Frage zu finden. Unter anderem wird der Handlungsdruck aufgrund der demografischen Entwicklung und zurückgehenden Nachfrage wachsen. In den letzten Jahren gab es viele Museumsneugründungen, denen jedoch eine proportional gesehen geringer werdende Nachfrage in der Bevölkerung gegenübersteht. Der gesamtgesellschaftliche Alterungstrend der Bevölkerung und das schwindende Interesse nachwachsender Generationen an Angeboten öffentlich geförderter Kulturinstitutionen betrifft verschiedene Museumstypen in unterschiedlichem Maße. Zudem sprechen Museen mit ihrer bisherigen programmatischen Ausrichtung und Kommunikation ein überwiegend höher gebildetes Publikum an. Es ist absehbar, dass einerseits die Konkurrenz um diese schrumpfende Gruppe Interessierter größer wird. Andererseits werden die Bemühungen um die Gunst des Besuchernachwuchses wichtiger werden. Museen werden sich in Zukunft an ihrer Diversity-Strategie messen lassen, mit der sie in der Lage sind, ihren Status Quo zu reflektieren und darauf aufbauend interne Veränderungsprozesse so zu steuern, dass sie ihren Interessentenkreis vergrößern. Bei Outreach geht es nicht per se darum, die Publikumszahlen zu steigern, sondern ein anderes Publikum anzusprechen. Wie ausführlich dargestellt, wird eben dieser Aspekt der Zusammensetzung des Publikums kaum beforscht. Outreach stellt einen geeigneten Ansatz dar, um Veränderungsprozesse in der Museumspraxis zu gestalten, die eine Beziehung von Museum zu neuem Publikum herstellen. Ein Verständnis von Outreach als „aufsuchende Kulturarbeit" greift dabei zu kurz. Erst mit einer veränderten Haltung des Museums gegenüber dem eigenen Personal und dem Gemeinwesen durch intensive Reflexions- und Verständigungsprozesse ist es möglich, Beziehungen zu anderen Bevölkerungsgruppen aufzubauen. Im Verlauf dieser Prozesse werden Sammlungen in neue Kontexte gestellt und andere Formen der Präsentation gefunden. Das führt ebenfalls zu einer Veränderung der bisherigen Sammlungsstrategie. Letztlich wirkt sich die Umsetzung einer Outreach-Strategie personell aus und bedeutet insgesamt einen Wandel der Organisationskultur.

In Amerika und in Großbritannien haben nachweislich neue gesetzliche Rahmenbedingungen und politische Fokussetzungen dazu geführt, dass Outreach als Lösungsansatz für mehr Diversität verstärkt eingesetzt wurde. Die historische Entwicklung im angloamerikanischen Raum hat aber auch gezeigt, dass eine Verpflichtung von außen im Sinne von politischen Vorgaben zwar notwendiger Impuls ist, jedoch diejenigen Institutionen langfristig erfolgreich sind, bei denen die Outreach-Strategie strukturell verankert ist. In Deutschland gibt es, wie im historischen Abriss dieser Publikation dargestellt, ebenso verschiedene Initiativen, die im 19. und 20. Jahrhundert durch dezentrale Ansätze große Bevölkerungskreise erreichten. Allerdings sind diese vor allem im Nationalsozialismus für staatliche Propagandazwecke massiv missbraucht worden. Hier bedarf es einer neuen Bewertung, damit diese Ansätze wieder in ihrer vormals positiven Grundausrichtung Beachtung finden.

In den Museen in Deutschland besteht ein enormer Entwicklungsbedarf im Hinblick auf Diversität in allen Bereichen der Organisation, der immer mehr erkannt wird. Museen haben in Bezug auf Diversity als öffentlich geförderte Institutionen eine Vorbildfunktion in der Gesellschaft, die für die Fragen des gesellschaftlichen Zusammenhaltes relevant ist. Dies bedeutet besonders für jene Bevölkerungsgruppen Kontaktmöglichkeiten herzustellen, deren kulturelles Interesse nicht familiär geprägt wird. Museen können hier ihre Aktivitäten und Kooperationen weiter ausbauen, um diesen Zugang zu ermöglichen.

Zudem können sie im digitalen Zeitalter als Orte der zwischenmenschlichen Begegnung an Bedeutung gewinnen: Einerseits ist der Akt des Selbstgestaltens und Involviertseins für viele Menschen ein wichtiger Aspekt ihrer Lebensgestaltung. Besonders für heute Heranwachsende ist die Möglichkeit des autonomen und individuellen Gestaltens bedeutsam für ihre Freizeitgestaltung. Andererseits besteht in unserer zunehmend durch Individualisierung geprägten Gesellschaft der Bedarf nach gemeinschaftsstiftenden Orten und Erzählungen. Museen haben in besonderem Maße das Potenzial, durch multiperspektivische Erzählweisen und ko-kreative Ansätze genau diese gemeinschafts- und sinnstiftenden Orte einer diversen Gesellschaft zu sein.

Museen können als Foren der Kommunikation und Verständigung fungieren und einen Raum bieten, in dem gesellschaftliche Aushandlungsprozesse stattfinden. Das Historische Museum Frankfurt bietet mit seinem Outreach-Format „Stadtlabor unterwegs" für ebendiese Aushandlungs- und Gestaltungsprozesse eine Möglichkeit. Die gemeinsame, ko-kreative Ausstellungs- und Programmentwicklung mit unterschiedlichen Communities innerhalb der Stadtgesellschaft führt zu multiperspektivischen Ausstellungen und zu einer starken Identifikation Frankfurter Bürger unterschiedlichster Herkunft mit dem Museum.

Das Amsterdamer Rijksmuseum ist einen anderen Weg gegangen, indem es große Teile seiner Sammlung weltweit für Aneignungs- und Ko-Kreationsprozesse digital nutzbar macht. Basis hierfür bietet die gemeinwohlorientierte Grundhaltung des Museums: öffentlich erworbene Kulturgüter gehören allen Menschen und müssen daher auch für alle Menschen zugänglich sein.

Das Open Museum in Glasgow rückt radikal die Menschen ins Zentrum der Museumsarbeit. Jeder, der eine Idee oder ein Anliegen für eine Ausstellung hat, kann auf das Museum zugehen und sie mit der Unterstützung von Mitarbeitern des Open Museums und mit Objekten aus dem offenen Depot des Museumsverbandes der Glasgow Museums realisieren. Originalobjekte gehen in den so entwickelten „Erinnerungskisten" in die Communities, um informelles Lernen und den Austausch untereinander anzuregen und mobile Ausstellungseinheiten sind an öffentlichen Orten, wie Einkaufszentren oder Krankenhäusern, zugänglich.

Die hohe Bedeutung der Outreach-Arbeit im Museum of Copenhagen wird bereits daran deutlich, dass die Bildungs- und Vermittlungsabteilung des Museums mit „Outreach and Learning" betitelt ist und der Schwerpunkt der Verteilung der personellen Ressourcen in dieser Abteilung auf dem Outreach-Bereich liegt. Für das Museum sind die Outreach-Aktivitäten der Weg, die Stadtgesellschaft einzubeziehen und dezidiert Kontrolle abzugeben. Nichtsdestotrotz stellt sich auch bei diesem Museum die Herausforderung, dass alle Museumsmitarbeiter die durch Hochladen in die mobile digitale Ausstellungseinheit „The Wall" generierten Fotos als wirklichen Bestandteil der Sammlungen ansehen.

Das Jüdische Museum Berlin war mit seiner Bildungsinitiative „on.tour – Das JMB macht Schule" das erste Museum in Deutschland, das einen eigenen Outreach-Bereich innerhalb einer Bildungsabteilung einrichtete. Mit der mobilen Ausstellung sollte Kindern und Jugendlichen in ganz Deutschland die Möglichkeit zu einem Museumsbesuch gegeben werden, ungeachtet der Schulart, dem Wohnort in ländlichen Regionen oder anderer Hindernisse. Die Erfahrungen aus den Begegnungen des on.tour-Teams außerhalb des Museums, wirken ins Museum hinein und fördern Reflexionsprozesse hinsichtlich diskriminierungskritischer Aspekte in der eigenen Arbeit.

Das Deutsche Symphonie Orchester hat den Mut – nach dem Prinzip von Versuch und Irrtum – innovative Projekte auszuprobieren, ohne den Ausgang zu kennen und die Möglichkeit des Scheiterns zu scheuen. Das Orchester nimmt ganz bewusst Impulse aus verschiedenen Communities auf, verarbeitet diese mit seinen Mitteln und gibt sie in die Community zurück. Es schafft somit wechselseitig neue Relevanzen: das Orchester gewinnt für neue Communities an Relevanz und die Communities beeinflussen die Arbeit des Orchesters.

Die Komische Oper Berlin geht mit ihrem interkulturellen Projekt „Selam Opera!" vollkommen neue Wege, um andere Communities als das klassische Opernpublikum zu erreichen. Vornehmlich richtet sich das Projekt an die Berliner Bevölkerung mit türkischen Wurzeln, ohne jedoch in der Ansprache die Begriffe „migrantisch" oder „Migrationshintergrund" zu verwenden. Es soll eine Selbstverständlichkeit in der Arbeit des Opernhauses sein, Oper für alle zu machen, ohne Kategorisierungen in der Ansprache und Programmgestaltung vorzunehmen.

Wie in den Praxisbeispielen deutlich wurde, ist ein wesentliches Ziel der Outreach-Ansätze, die Verbundenheit mit und die Relevanz der Kulturinstitution zu stärken. Auch wenn dies nur mit aufwendigen qualitativen Forschungsmethoden beweisbar wäre, so wird es von den befragten Institutionen stets als gewinnbringend erachtet, die Aktivitäten auch ohne diese empirischen Beweise fortzuführen. Das liegt vor allem daran, dass die Inreachwirkung von Outreach deutlich wird: Mitarbeiter sind motiviert, bringen selbst Ideen ein und die Institution wird durchlässiger für Anregungen von außen.

Eine Outreach-Strategie stellt das geeignete Mittel dar, um bislang unterrepräsentierten Gesellschaftsgruppen Zugänge zum Museum zu verschaffen. Outreach beinhaltet einerseits die Einbeziehung derjenigen, die bisher nicht zum Museumspublikum zählen und andererseits eine gezielte Auswahl von ungewöhnlichen Orten und neuen Kontexten, um mit Menschen außerhalb des üblichen Museumsumfeldes in Dialog zu treten. Dies bringt mit sich, in gewissem Ausmaß die eigene Autorität zu hinterfragen, die Deutungshoheit in Teilen abzugeben und sich als Institution für andere Perspektiven zu öffnen.

Outreach hat das Potenzial, das Verhältnis zwischen Museum und möglichem Publikum grundlegend zu verändern und über Jahre verfestigten Vorurteilen auf beiden Seiten zu begegnen. Jedoch fehlt es den bisherigen Ansätzen meist an einer langfristigen strategischen Ausrichtung und einer Gesamtkonzeption, die auf Basis von Forschung und der Bereitstellung effizienter Unterstützungsstrukturen überhaupt erst ermöglicht, die Ausgangslage fundiert zu beschreiben, gezielte Maßnahmen zu entwickeln und Veränderungen und Erfolge sichtbar zu machen.

5.1 Grundlagen für eine erfolgreiche Outreach-Strategie – Empfehlungen für Museen

Die Stärken einer Outreach-Strategie liegen darin, beim potenziellen Publikum Neugierde auf das Museum zu wecken, mit ihnen eine Beziehung zur Institution aufzubauen, vorhandene Barrieren abzubauen und die eigene Organisation kontinuierlich weiterzuentwickeln. Im Rahmen einer Outreach-Strategie kann diese Annäherung erforscht und systematisch umgesetzt werden. Die Entwicklung einer Outreach-Strategie hängt von vielen Faktoren ab, die von Institution zu Institution unterschiedlich sind. Es gibt zwar keine Blaupause, jedoch sind folgende Grundlagen für die Planung und Umsetzung einer Outreach-Strategie essentiell.

5.1.1 Haltung der Institution reflektieren

Institutionen, die eine Outreach-Strategie erarbeiten und langfristig umsetzen wollen, sind dann erfolgreich, wenn sie sich zu Beginn in einem Selbstreflexionsprozess mit der eigenen Haltung auseinandersetzen. Die Analyse der bisherigen Praxis und die Bereitschaft, diese zu hinterfragen, sind die Grundvoraussetzungen, um Veränderungsprozesse zu gestalten. Dabei werden sämtliche Arbeitsbereiche des Museums einbezogen. Angefangen von der Sammlung an sich und den bisherigen Sammlungsstrategien über Ausstellungspraxis und Vermittlungsprogramme bis hin zu Personalzusammensetzung und Struktur der Besucherschaft. Die Reflexion führt dazu ein Verständnis der bestehenden Organisationskultur und ein Bewusstsein zu entwickeln, wie eigenes Denken und Handeln ausgrenzend wirken kann. Die rein kognitive Erfassung des diskriminierenden Denkens und Verhaltens reicht jedoch nicht für die Umsetzung eines langfristigen Diversifizierungsprozesses aus. Welche Haltung letztlich die diversitätssensible Haltung abbildet, beruht auf der gemeinsamen Entwicklung innerhalb der Organisation. Zudem führt die zielgerichtete und dennoch prozessoffene Outreach-Arbeit durch die unmittelbare Erfahrung neuer Begegnungen und das sich aktive Einlassen auf andere Perspektiven zu neuen Sicht- und Handlungsweisen. Dies setzt ein Denken weg vom institutionszentrierten Vermittlungsansatz hin zum gesellschaftsorientierten Entwicklungsansatz voraus. Das bedeutet die Verortung des Museums als integraler Bestandteil innerhalb der Gesellschaft und damit das Eingehen auf unterschiedliche Ansprüche, die an das Museum gestellt werden: Seitens des Gemeinwesens (Sammlung, Bildungsauftrag, kulturelle Bildung, Teilhabe), der Öffentlichkeit (Wissensvermittlung, Unterhaltung), der Institution (Träger, Förderer, Besucher, Nichtbesucher) und der Organisation (Mitarbeiter, Ehrenamtliche, Dienstleister). Im Ergebnis schaffen die Institutionen durch die Reflexion ihrer Haltung und die darauf folgenden Veränderungsschritte mehr Relevanz sowohl für die eigenen Mitarbeitenden als auch für weitere Bevölkerungskreise.

5.1.2 Etablierung auf Führungsebene

Museen, die eine diversere Besucherschaft ansprechen und einbinden wollen, durchlaufen im Idealfall einen Prozess innerhalb der gesamten Organisation. Maßgeblich ist hierbei ein klares Bekenntnis der Führungsebene und damit einhergehend die Bereitstellung von personellen, finanziellen und zeitlichen Ressourcen. Die Einbindung von Outreach als selbstverständlichem Bestandteil der Museumsarbeit ist ebenso wichtig wie die abteilungsübergreifende Verständigung auf Ziele im Rahmen eines Aushandlungsprozesses. Die entsprechenden Ziele definiert jedes Museum individuell basierend auf der Analyse der Ausgangslage und den daraus resultierenden Schwerpunkten. Die Zielerreichung kontinuierlich zu überprüfen sowie die Ziele neuen gesellschaftlichen Gegebenheiten anzupassen, ist selbstverständlicher Bestandteil des Prozesses. Besonders erfolgversprechend ist eine gemeinsam entwickelte Outreach-Strategie, in die sich alle Abteilungen des Museums einbringen. So lange der Kontakt zum Museumspublikum und zum potenziellen Publikum an eine Abteilung, wie momentan häufig an die Bildungsabteilung oder an einzelne Personen delegiert wird oder die Ergebnisse aus der Publikumsforschung nicht auf die Museumsarbeit zurückwirken, bleibt die gesamte Organisation dem potenziellen Publikum fern. Die Steigerung der Diversität ist erfahrungsgemäß ein langfristiger Prozess, der kontinuierlichen Engagements bedarf und der in kleinen Schritten Erfolge erzielt. Die Führungsebene im Museum muss die Notwendigkeit erkennen, diesem Prozess die entsprechende Bedeutung beizumessen und sich erforderliche Kompetenzen aneignen, beziehungsweise die Expertise der Mitarbeitenden oder externe Beratung hinzuziehen.

5.1.3 Diversifizierung und Qualifikation des Personals

Im Kontext einer Outreach-Strategie umfasst das Verständnis von Diversity alle Aspekte, die die Vielfalt einer Gesellschaft mit sich bringt. Im ersten Schritt ist es naheliegend, die bereits im Museum vorhandenen Ressourcen an vielfältigen Perspektiven in der Mitarbeiterschaft sichtbar zu machen, diese anzuerkennen und für konzeptionelle Prozesse zu aktivieren. Das Museum erwirbt zudem die Kompetenz, ein diverseres Museumspublikum anzusprechen, indem es die eigenen personellen Ressourcen diversifiziert. Das kann einerseits dadurch erreicht werden, dass bei Personaleinstellungen darauf geachtet wird, Mitarbeitende mit unterschiedlicher ethnischer und sozialer Herkunft oder unterschiedlichen Bildungswegen einzustellen. Andererseits bedarf es Personal mit besonderen Fähigkeiten für die Entwicklung und Umsetzung einer Outreach-Strategie. Bei der Einstellung von Outreach-Managern kommt es weniger auf die spezifischen fachwissenschaftlichen Kompetenzen als auf analytische, praktische und in hohem Maße soziale und kommunikative Fähigkeiten an. Sie verfügen über soziale Mehrsprachigkeit und eine fragende und forschende Grundhaltung. Neugierde und Offenheit in Bezug auf potenzielles Publikum des Museums sind ebenso als Kompetenz gefordert wie Lernbereitschaft und die Fähigkeit, für die Institution zu begeistern. Outreach-Manager fungieren als Brückenbauer und Netzwerker in die bislang unterrepräsentierten Communities; sie verstehen deren Themen, Inhalte und Bedarfe und spiegeln diese ins Museum zurück. Zudem schaffen Sie Zugänge für neue Communities und binden diese aktiv in die Museumsarbeit ein.

5.1.4 Ko-Kreation als Arbeitsweise

Ko-kreative Prozesse werden heute immer selbstverständlicher. Museen erreichen einerseits die angestrebte Diversifizierung durch Ansätze, die von vorneherein das Publikum und das potenzielle Publikum als gleichberechtigte Partner sehen, welche die Ziele von Ausstellungsprojekten oder Vermittlungsangeboten mitbestimmen und umsetzen. Andererseits gehen sie zunehmend auf die Erwartungshaltung der Menschen ein, die heute eine Vielzahl unterschiedlicher digitaler Technologien nutzen und die einen hohen Grad an Selbstgestaltung und Interaktion gewohnt sind. Um eine neue Besucherschaft anzusprechen und neue Programm- sowie Kommunikationsangebote zu unterbreiten, muss die Institution experimentellere Herangehensweisen wagen. Partnerschaften auf Augenhöhe sind dabei ein grundlegendes Prinzip. Ko-Kreation ist geprägt durch einen ergebnisoffenen Prozess. Bedingungen und Möglichkeiten für Mitgestaltung zu schaffen geht einher mit dem Aufbau neuer Formen von Partnerschaften. Die „Augenhöhe" stellt für Museen eine Herausforderung in Bezug auf ihren wissenschaftlichen Anspruch dar. Und zwar insbesondere dann, wenn Museumsinhalte zur individuellen Weiterbearbeitung und Weiternutzung frei zur Verfügung gestellt oder wenn durch ko-kreative Prozesse neue Sammlungsinhalte generiert werden. Die damit verbundene teilweise Abgabe der Deutungshoheit des Museums bedeutet Gewinn an Multiperspektivität für die kuratorische Arbeit. Ko-kreative Ansätze sind dann erfolgreich, wenn sie kontinuierlicher Bestandteil der Museumspraxis sind und nicht nur in Projektkontexten punktuell zum Einsatz kommen. Die Mitwirkung darf nicht lediglich als Ergänzung und somit „proforma" verstanden werden. Neues Publikum kann nur auf neuen Wegen erreicht werden.

5.1.5 Partnerschaften aufbauen

Der Aufbau von Partnerschaften ist nicht nur, wie soeben beschrieben, in Bezug auf die einer Outreach-Strategie immanenten ko-kreativen Arbeitsweise essentiell, sondern ist ebenso unerlässlich, um in der alltäglichen Lebenswelt des potenziellen Publikums Präsenz zu erlangen. Das „Herausgehen" aus der eigenen Institution ist nur möglich, wenn das Museum in der Lage ist, Kooperationen einzugehen, die von gegenseitiger Wertschätzung und Vertrauen geprägt sind. Wichtig ist die Offenheit und der Mut, sich auf die „Andersartigkeit" des Partners einlassen zu wollen – ob es nun die Zusammenarbeit mit Strafanstalten, Einkaufszentren, Kiezkneipen, Quartiersmanagementbüros oder Fußballvereinen ist. Oder aber es sind Partnerschaften in Form der beschriebenen strategischen Allianzen, die beispielsweise mit Satellitenmuseen auf internationaler Ebene andere Fragestellungen hinsichtlich Werten, Ethik und Arbeitsbedingungen mit sich bringen. Am erfolgversprechendsten für die Umsetzung der Outreach-Strategie ist es, diesen Beziehungsaufbau auf Langfristigkeit anzulegen und Kapazitäten bereitzuhalten, diese Beziehungen zu pflegen. Am wichtigsten ist es jedoch, neue Partnerschaften einzugehen, zu experimentieren, im Bewusstsein dessen, dass das Ergebnis offen ist und diese Prozesse des Beziehungsaufbaus zu evaluieren.

5.2 Grundlagen für Outreach-Arbeit – Politische Rahmenbedingungen

Die Steigerung der Diversität im Museumspublikum und generell im Kulturpublikum stellt eine gesamtgesellschaftliche Aufgabe dar und ist kaum von den Museen alleine zu lösen. Sie erfordert das Zusammenwirken von Politik, Wissenschaft und Zivilgesellschaft.

Eine stärkere Vernetzung der für diese Aufgabe relevanten Politikfelder sowie eine Veränderung der Maßnahmen und Förderbedingungen sind erforderlich. Hier geben beispielsweise der Schlussbericht der Enquete-Kommission „Kultur in Deutschland", der Deutsche Kulturrat, der Rat für kulturelle Bildung, sowie die Kultusministerkonferenz bereits Empfehlungen mit konkreten Hinweisen für die jeweiligen Bereiche der Kultur-, Bildungs-, Familien- und Sozialpolitik.

In Bezug auf Museen ergeben sich folgende konkrete Handlungsbedarfe und Aufgabenfelder.

5.2.1 Forschung bereitstellen

In Deutschland wird derzeit keine kontinuierliche, staatlich geförderte Kulturpublikumsforschung bereitgestellt, wodurch ein enormes Wissensdefizit besteht. Vor allem gibt es einen großen Bedarf an differenzierter Forschung. Entwicklungen innerhalb der Publikumsstruktur sind derzeit besonders in der Langzeitperspektive kaum darstellbar. Auch differenzierte Aussagen hinsichtlich der verschiedenen Museumstypen und der geographisch bedingten Unterschiede zu treffen, ist bislang anhand der bestehenden Veröffentlichungen nicht möglich. Für die Museen stellt dies eine denkbar schlechte Planungsgrundlage dar. Dies gilt ebenso für politische Entscheidungen hinsichtlich zu treffender Zielvereinbarungen sowie der Gestaltung von Förderrichtlinien.

Kontinuierliche statistische Daten erhebt das Institut für Museumsforschung. Darüberhinaus wäre die Durchführung regelmäßiger Bevölkerungsumfragen erforderlich. Die Standards für die Forschung sollten in einem interdisziplinären Expertengremium definiert werden, das sich bundesländerübergreifend aus Wissenschaft, Museen und den relevanten Politikfeldern – Kultur-, Bildungs- und Sozialpolitik – zusammensetzt. Die unterschiedlichen Ansprüche an die Forschung seitens der Führungsebene im Museum, der Politik und der Wissenschaft sollten Berücksichtigung finden. Damit die Forschung sowohl dem wissenschaftlichen Anspruch der Theoriegewinnung, der empirischen Forschung als auch den Ansprüchen der Politik und Museumspraxis gerecht wird, ist ein hoher wissenschaftlicher Standard Grundvoraussetzung. Ebenso wichtig ist die praxisnahe Aufbereitung und die anwenderfreundliche Gestaltung und Bereitstellung der Daten und Ergebnisse zur öffentlichen Nutzung. Dabei können gute internationale Beispiele im Kulturbereich, wie etwa das Taking Part Online-Tool, als Vorbild dienen. Zudem bietet die Marktforschung bereits ausgereifte Instrumente, so etwa das in diesem Buch verwendete Online-Tool best for planning (b4p). Auch in der deutschen Wissenschaftslandschaft gibt es erste Ansätze. So stellt beispielsweise der Rat für kulturelle Bildung die Datensätze seiner Forschung der Allgemeinheit zur Verfügung.

Trotz dürftiger Befundlage und Erkenntnisse über das Museumspublikum und das potenzielle Museumspublikum legt bereits der bisher bekannte Status Quo der Erkenntnisse dringenden Handlungsbedarf nahe. Angesichts der Vielzahl und weiter wachsenden Zahl an Museen, der stagnierenden Zahl von Besuchen, sowie des Rückgangs der Nachfrage beim jungen Kulturpublikum, stehen viele Museen vor großen Herausforderungen.

Eine wesentliche Aufgabe stellt die Operationalisierung von Kennzahlen zur Abbildung der Entwicklung der Diversität von Museen dar. Idealerweise bilden die Kennzahlen sowohl die Veränderungen im Publikum als auch in der Zusammensetzung des Personals ab und werden in Relation zu gesamtgesellschaftlichen Trends gesetzt.

Neben der Kulturpublikumsforschung könnte die Besucherforschung im Museumsbereich an Qualität gewinnen, wenn die bisherigen Ergebnisse einzelner Häuser für Forschungszwecke zur Verfügung gestellt würden. Für staatlich geförderte Einrichtungen sollte es verbindlich sein, diese Daten zu veröffentlichen beziehungsweise für die Forschung zugänglich zu machen. Auch die Unterstützung der Museen bei der Umsetzung eigener Besucherforschung kann in den Häusern zur Steigerung und Sicherung der Qualitätsstandards beitragen.

Weitere Anreize könnte die Förderung praxisnaher Forschungs- und Entwicklungsprojekte bieten, die erfolgreiche Diversity-Ansätze weiterentwickeln und übertragbar machen. Um eine Steigerung der Diversität zu unterstützen, sollten im Sinne einer gemeinwohlorientierten Förderpolitik die Rahmenbedingungen zur Umsetzung von Diversity-Strategien in den Institutionen geschaffen werden. Denkbar wäre es, Museen, die sich an einem langfristig angelegten Forschungsvorhaben beteiligen, entsprechend zu fördern. Eine adäquate Forschung und Aufbereitung der Ergebnisse wird der Bedeutung, die dem Thema Diversity gesellschaftlich zukommt, gerecht.

5.2.2 Fachstelle für Wissenstransfer, Prozessbegleitung, Beratung und Qualifizierung einrichten

Auch wenn die Forschungslage bisher noch unzureichend ist, wird der Handlungsbedarf deutlich und erfordert schon jetzt eine stärkere Initiative sowie Fokussierung der Aktivitäten. Für den langfristigen Erfolg in der Umsetzung ist es – neben der Bereitstellung einer verbesserten Datenbasis – wesentlich, eine Fachstelle für den Wissenstransfer, die Prozessbegleitung, die Beratung sowie für Qualifizierung einzurichten.

Eine solche Fachstelle schafft einen geschützten Raum für kollegialen Austausch und Wissenstransfer. Hier können erfolgreiche Strategien und Maßnahmen für mehr Diversität in der Besucherschaft, der Mitarbeiterschaft und in der Programmstruktur vorgestellt und reflektiert werden. In diesem Diskursraum werden Kennzahlen transparent gemacht, Ausgangslagen dargestellt, Handlungsfelder angesprochen sowie Entwicklungsschritte aufgezeigt. Dieser Austausch muss auf höchster Führungsebene in den Museen gewollt und unterstützt werden und bedarf geeigneter und regelmäßig stattfindender Austauschformate. Diese sollten von der Fachstelle nach Bedarf konzipiert, professionell moderiert und begleitet werden.

Die Fachstelle, die den Wissenstransfer und die Prozessbegleitung inhaltlich gestaltet, systematisiert und organisiert, bündelt die Erkenntnisse und gibt diese an Museen, Kultureinrichtungen sowie im weiteren Verlauf an die Öffentlichkeit weiter. Im Rahmen der Prozessbegleitung bringt sie Impulse aus dem nationalen und internationalen Museumsbereich ein und stellt Ergebnisdokumentationen und anwenderorientierte Materialien zur Verfügung. Die Beratungsleistung sollte nach individuellen Bedürfnissen von den Museen angefragt werden können. Die zu entwickelnden Qualifizierungsangebote stellen prozessbegleitende und qualitätssichernde Maßnahmen dar. Zu den Inhalten zählen beispielsweise die Erarbeitung von Qualitätsstandards, der Beziehungsaufbau zu neuen Besuchergruppen, Strategien für Ko-Kreation sowie Methoden für die Öffnung der Sammlungen und Narrative.

5.2.3 Förderprogramme für Outreach anbieten

Da die Einführung von Outreach in der Museumsarbeit die gesamte Organisation umfasst und mit langfristiger Planung erfolgreich ist, ergeben sich für die Förderung von erfolgreichen Outreach-Strategien in Museen Bedingungen an die Förderprogramme. Sinnvollerweise beinhalten die Förderprogramme folgende Phasen: Die Förderung einer Entwicklungsphase, in der die Outreach-Strategie konzipiert und von der gesamten Organisation getragen und unterstützt wird. Diese Entwicklungsphase mündet in Zieldefinitionen für die zweite Förderphase der Umsetzung. Die Umsetzung verlangt Mittel für die interne Organisationsentwicklungsarbeit, eine prozessbegleitende Evaluation, für Hospitationen, die gegebenenfalls auch bei Museen im Ausland stattfinden können, Projektmittel für Personal und die Projektumsetzung, sowie für die begleitende Öffentlichkeitsarbeit. Die letzte Förderphase umfasst die Phase der Implementierung, in der idealerweise die gefördeten Organisationen dabei begleitet werden, die erfolgreich entwickelten Ansätze in die alltägliche Museumsarbeit zu implementieren. Die Förderbedarfe, die sich hier ergeben sind von Einrichtung zu Einrichtung verschieden.

Die reine Projektförderung von Einzelprojekten in Museen ist jedoch nicht alleine erfolgsversprechend. Es ist sinnvoll, darüber hinaus übergreifende Strukturen zu fördern, die die Museen unterstützen. Was die Aufgaben jener Strukturen umfasst, wurde bereits im vorigen Absatz zur Fachstelle dargestellt. Wichtig ist, dass die Museen bei der Umsetzung und dem Wissenstransfer kompetent und bedarfsorientiert begleitet werden. Dies stellt Anforderungen an Förderprogramme, wie eine flexible und bedarfsorientierte Vergabe von Fördermitteln. Der erforderliche minimal bemessene Zeitbedarf für die einzelnen Phasen ist etwa ein Jahr für die Entwicklungsphase, drei bis vier Jahre für die Umsetzung, vier bis fünf Jahre für die Etablierung. So dass nach etwa einem Zeitraum von acht bis zehn Jahren wirksame Veränderungen sichtbar und messbar werden. Die Schätzwerte beruhen auf Erfahrungen in der Initiierung von Veränderungsprozessen, die für jede Organisation je nach Ausgangslage und Verlauf nicht zu pauschalisieren sind. Die Förderprogramme sollten daher auch eine Gesamtevaluation beinhalten und die Langfristigkeit der Umsetzung von Outreach-Strategien berücksichtigen.

Anhang: Datenanalyse zum Museumspublikum

Die Auswertung erfolgte anhand des Online Analyse Tools best for planing (b4p). Basis bilden die Daten der Markt-Media-Studie 2016. Zur repräsentativen Abbildung der Grundgesamtheit der deutschsprachigen Wohnbevölkerung ab 14 Jahren, die nach Hochrechnung der amtlichen Statistik im Jahr 2016 69,56 Mio. Personen umfasst, wurden für die Studie insgesamt 30.190 zufällig ausgewählter Personen mittels Selbstausfüllbogen und Face-to-Face Interview befragt (Scharf 2017a). Die Abkürzung MB steht für Museumsbesucher, h für häufig, g für gelegentlich, s für selten und n für nie.

Tabelle 6: Freizeitbeschäftigung Museen, Ausstellungen, Galerien besuchen

Freizeitbeschäftigung Museen, Ausstellungen, Galerien besuchen 2016		
	Gesamtbevölkerung	Museumspublikum
Fälle	30.190	14.971
Mio.	69,56	34,5
Prozent	100	49,59

Tabelle 7: Häufigkeit der Freizeitbeschäftigung Museen, Ausstellungen, Galerien besuchen

Freizeitbeschäftigung Museen, Ausstellungen, Galerien besuchen 2016					
	häufig	gelegentlich	selten	nie	gesamt
Bevölkerung Mio.	0,74	7,07	26,69	35,07	69,56
Bevölkerung %	1,1	10,2	38,4	50,4	100

Tabelle 8: Häufigkeit der Freizeitbeschäftigung Museen, Ausstellungen, Galerien besuchen nach Geschlecht

Freizeitbeschäftigung Museen, Ausstellungen, Galerien besuchen 2016			
	Basis	**Geschlecht**	
		männlich	**weiblich**
	%	**%**	**%**
Basis	100	100	100
häufig	1,1	0,9	1,2
gelegentlich	10,2	9	11,3
selten	38,4	35,8	40,8
nie	50,4	54,3	46,7

Tabelle 9: Schule-/Berufsbildung der Befragten mit Freizeitbeschäftigung Museen, Ausstellungen, Galerien besuchen

Freizeitbeschäftigung Museen, Ausstellungen, Galerien besuchen 2016							
	Basis		**MB**	**h**	**g**	**s**	**n**
	Mio.	%	%	%	%	%	%
Basis	69,56	100	49,7	1,1	10,2	38,4	50,4
Schul-/Berufsausbildung Befragter in Prozent							
(noch) kein allgemeiner Schulabschluss, noch Schüler in allgemeinbildender Schule	3,26	4,7	39,6	0,1	3,5	36,0	60,4
Haupt- (Volks-, Grund-) schulabschluss ohne abgeschlossene Lehre/ Berufsausbildung	5,12	7,4	28,1	0,1	3,6	24,4	71,9
Haupt- (Volks-, Grund-) schulabschluss mit abgeschlossener Lehre/ Berufsausbildung	20,33	29,2	38,3	0,3	5,1	32,9	61,6
weiterführende Schule ohne Abitur (Realschulabschluss/Mittlere Reife/ Oberschule) oder gleichwertiger Abschluss	20,81	29,9	51	0,8	7,9	42,3	49,1
Abitur, (Fach-) Hochschulreife ohne Studium	9,06	13	55,8	1,2	12,7	41,9	44,1
Studium (Universität, Hochschule, Fachhochschule, Polytechnikum)	10,99	15,8	75,6	3,6	26,7	45,3	24,4

Tabelle 10: Ortsgröße der Befragten mit Freizeitbeschäftigung Museen, Ausstellungen, Galerien besuchen

Freizeitbeschäftigung Museen, Ausstellungen, Galerien besuchen 2016							
	Basis		**MB**	**h**	**g**	**s**	**n**
	Mio.	%	%	%	%	%	%
Basis	69,56	100	49,7	1,1	10,2	38,4	50,4
Ortsgröße politisch							
unter 5.000 Einw.	10,21	14,7	44,7	0,5	7,7	36,5	55,3
5.000 bis unter 20.000 Einw.	18,64	26,8	47,5	0,6	9,6	37,3	52,6
20.000 bis unter 100.000 Einw.	19,08	27,4	48,2	0,9	9,3	38	51,8
100.000 bis unter 500.000 Einw.	10,23	14,7	50,5	0,9	9,7	39,9	49,5
500.000 und mehr	11,41	16,4	58,9	2,8	15,1	41,0	41,0

Tabelle 11: Haushalts-Netto-Einkommen der Befragten mit der Freizeitbeschäftigung Museen, Ausstellungen, Galerien besuchen

Freizeitbeschäftigung Museen, Ausstellungen, Galerien besuchen 2016							
	Basis		**MB**	**h**	**g**	**s**	**n**
	Mio	%	%	%	%	%	%
Basis	69,56	100	49,7	1,1	10,2	38,4	50,4
Haushalts-Netto-Einkommen							
Durchschnitt	2.742,4	2.742,4	3.007,9	2.919	3.238,4	2.866,3	2.544,3
Haushalts-Netto-Einkommen							
bis unter 1.000 Euro	4,41	6,3	37,7	1,6	7	29,1	62,3
1.000 bis unter 1.500 Euro	7,94	11,4	42,1	0,4	7,5	34,2	58
1.500 bis unter 2.000 Euro	11,11	16	43	1,2	7,5	34,3	57
2.000 bis unter 2.500 Euro	12,02	17,3	47,3	0,8	9	37,5	52,7
2.500 bis unter 3.000 Euro	9,26	13,3	49,9	0,8	7,8	41,3	50
3.000 bis unter 4.000 Euro	12,88	18,5	54,9	1,5	10,5	42,9	45,1
4.000 bis unter 5.000 Euro	7,31	10,5	59,4	1,1	15,8	42,5	40,6
5.000 Euro und mehr	4,62	6,6	64,5	1,5	21,9	41,1	35,5

Tabelle 12: Stellung im Beruf der Befragten mit der Freizeitbeschäftigung Museen, Ausstellungen, Galerien besuchen

Freizeitbeschäftigung Museen, Ausstellungen, Galerien besuchen 2016							
	Basis		**MB**	**h**	**g**	**s**	**n**
	Mio.	%	%	%	%	%	%
Basis	69,56	100	49,7	1,1	10,2	38,4	50,4
Stellung im Beruf Befragter jetzt oder früher							
Selbstständige: groß (mit 50 und mehr Beschäftigten inkl. Befragten)/Freiberufler	1,24	1,8	71,9	3,6	24,8	43,5	28,1
Selbstständige: kleine (ohne/ mit bis zu 49 Beschäftigten inkl. Befragten)/selbstständige Landwirte	3,63	5,2	61,3	1,6	15,1	44,6	38,7
leitende Angestellte und Beamte im höheren Dienst	4,01	5,8	67,5	1,8	23,4	42,3	32,5
sonstige Angestellte und Beamte	33,63	48,3	54	1,1	10,9	42	46
Facharbeiter, Vorarbeiter, Polier, Handwerksgeselle	12,63	18,2	37,1	0,5	4,4	32,2	62,9
sonstige Arbeiter	5	7,2	31,1	0,3	4,3	26,5	69
nie berufstätig gewesen	9,41	13,5	45,4	1,3	8,9	35,2	54,6

Tabelle 13: Social Grades der Befragten mit der Freizeitbeschäftigung Museen, Ausstellungen, Galerien besuchen

Freizeitbeschäftigung Museen, Ausstellungen, Galerien besuchen 2016							
	Basis		**MB**	**h**	**g**	**s**	**n**
	Mio.	%	%	%	%	%	%
Basis	69,56	100	49,7	1,1	10,2	38,4	50,4
Social Grades							
A = higher managerial, administrative and professional	5,84	8,4	65,8	1,6	23,1	41,1	34,2
B = intermediate managerial, administrative and professional	19,48	28	60,8	1,6	14,9	44,3	39,2
C1 = supervisory, clerical and junior managerial, administrative and professional	18,07	26	48,1	0,9	7,6	39,6	51,9
C2 = skilled manual workers	19,76	28,4	39	0,3	4,7	34	60,9
D = semi-skilled and unskilled manual workers	4,13	5,9	28,6	0,3	4,4	23,9	71,4
E = state pensioners, casual and lowest grade workers, unemployed with state benefits only	2,29	3,3	53,4	3,6	14,2	35,6	46,6

Tabelle 14: Milieuzugehörigkeit der Befragten mit der Freizeitbeschäftigung Museen, Ausstellungen, Galerien besuchen

Freizeitbeschäftigung Museen, Ausstellungen, Galerien besuchen 2016						
	Basis		**h**	**g**	**s**	**n**
	Mio.	%	%	%	%	%
Basis	69,56	100	100	100	100	100
SIGMA Milieus®						
Etabliertes Milieu (Upper Conservative Segment)	6,79	9,8	15,6	14,1	11,3	7,6
Traditionelles bürgerliches Milieu (Traditional Mainstream)	6,58	9,5	3,2	5	8,3	11,4
Traditionelles Arbeitermilieu (Traditional Blue Collar Segment)	2,69	3,9	0,9	1,9	3	5
Konsum-materialistisches Milieu (Pragmatic Strivers)	7,62	11	1,7	7,4	9,3	13,1
Aufstiegsorientiertes Milieu (Social Climber Segment)	13,59	19,5	15,6	18,9	21,3	18,4
Modernes bürgerliches Milieu (Conventional Modern Mainstream)	7,23	10,4	10,9	9,4	11,6	9,6
Modernes Arbeitnehmermilieu (Progressive Modern Mainstream)	8,14	11,7	8,6	11	12	11,6
Liberal-Intellektuelles Milieu (Upper Liberal Segment)	6,53	9,4	27,1	21,6	10	6,1
Hedonistisches Milieu (Counter Culture)	4,52	6,5	3,6	2,4	5,3	8,3
Postmodernes Milieu (Postmodern Segment)	5,88	8,5	12,8	8,3	7,9	8,8

Literatur

American Alliance of Museums (2010): Demographic Transformation and the Future of Museums, [online] http://www.aam-us.org/docs/center-for-the-future-of-museums/demotransaam2010.pdf [02.08.2017].

American Alliance of Museums (2017): Museums Facts, [online] http://www.aam-us.org/about-museums/museum-facts [02.08.2017].

American Library Association (2017): Community Engagement and Outreach, [online] http://www.ala.org/pla/resources/tools/community-engagement-outreach [10.11.2017].

American Museum of Natural History (1928): The American Museum of Natural History. Fifty-ninth annual report for the year 1927. New York: American Museum of Natural History, [online] http://lbry-web-003.amnh.org/museum/annual_reports/source/R1927.pdf [02.06.2017].

Antidiskriminierungsstelle des Bundes (2012) (Hrsg.): Diversity Mainstreaming in und durch Institutionen der öffentlichen Verwaltung, Berlin, [online] http://www.antidiskriminierungsstelle.de/SharedDocs/Downloads/DE/publikationen/Diversity_Mainstreaming/Diversity_Mainstreaming_Verwaltungen_Expertise_Good_Practice_20120412.pdf?__blob=publicationFile&v=1 [02.06.2017].

Antidiskriminierungsstelle des Bundes (2015) (Hrsg.): Diversity-Prozesse in und durch Verwaltungen anstoßen: von merkmalsspezifischen zu zielgruppenübergreifenden Maßnahmen zur Herstellung von Chancengleichheit – Eine Handreichung für Verwaltungsbeschäftigte, Berlin, [online] http://www.antidiskriminierungsstelle.de/SharedDocs/Downloads/DE/publikationen/Diversity_Mainstreaming/Handreichung_Diversity_Mainstreaming_Verwaltung_20120412.pdf?__blob=publicationFile [02.06.2017].

Antidiskriminierungsstelle des Bundes (2016) (Hrsg.): Allgemeines Gleichbehandlungsgesetz (AGG), [online] http://www.antidiskriminierungsstelle.de/SharedDocs/Downloads/DE/publikationen/AGG/agg_gleichbehandlungsgesetz.pdf?__blob=publicationFile [02.06.2017].

Ascheberg, Carsten (2006): Milieuforschung und Transnationales Zielgruppenmarketing, in: Aus Politik und Zeitgeschichte, 44-45/2006: Soziale Milieus, 18–25.

Autorengruppe Bildungsberichterstattung (2012) (Hrsg.): Bildung in Deutschland 2012. Ein indikatorengestützter Bericht mit einer Analyse zur kulturellen Bildung im Lebenslauf, Bielefeld: W. Bertelsmann Verlag, [online] http://www.bildungsbericht.de/de/bildungsberichte-seit-2006/bildungsbericht-2012/pdf-bildungsbericht-2012/bb-2012.pdf [02.06.2017].

Backhoefer, Andreas (2015): Kunsttheorie und Museumspraxis zwischen 1987 und 2012: Subject – Site – Center, München: epodium Verlag.

b4p. best for planning (2016): Berichtsband 2016, München: Gesellschaft für integrierte Kommunikationsforschung.

Bea, Franz-Xaver/ Haas, Jürgen (2005): Strategisches Management, Stuttgart: UTB, Lucius & Lucius Verlagsgesellschaft mbH.

Becker, Ulrich/ Nowak, Horst (1982): Lebensweltanalyse als neue Perspektive der Meinungs-und Marktforschung, in: ESOMAR (Hrsg.), Fitting Research to Turbulent Times, Wien: ESOMAR, S. 247–267.

Bershadskyy, Dmitri/ Bremer, Claudia/ Gaus, Olaf (2013): Bildungsfreiheit als Geschäftsmodell: MOOCs fordern die Hochschulen heraus, in: Claudia Bremer/

Detlef Krömker, (Hrsg.): E-Learning zwischen Vision und Alltag: zum Stand der Dinge, Münster: Waxmann, S. 33–44.

Black, Graham (2015): Developing Audience for the Twenty-First-Century Museum, in: Sharon Macdonald/ Helen Rees Leahy (Hrsg.) (2015): The International Handbook of Museum Studies, First Edition, New York: Wiley, S. 122–151.

Bocatius, Bianca (2011): Digitale Museumspädagogik im Web 2.0: Grundlagen und Beispiele. Vortrag und Paper anlässlich der MAI-Tagung 2011, [online] http://www.mai-tagung.lvr.de/media/mai_tagung/pdf/2011/bocatiusdocmai2011.pdf [13.10.2017].

Bocatius, Bianca (2016): Museale Vermittlung mit Social Media. Theorie – Praxis – Perspektiven. Düsseldorf: Dissertation Univ. Düsseldorf, [online] http://docserv.uni-duesseldorf.de/ servlets/DocumentServlet?id=38233, [13.10.2017].

Bonk, Curtis/ Lee, Mimi/ Reeves, Thomas/ Reynolds, Thomas (Hrsg.) (2015): MOOCs and Open Education Around the World, London: Routledge.

Bontempi, Elaine/Smith Nash, Susan (2012): Effective Strategies in Museum Distance Education, Proceedings of Informing Science & IT Education Conference (InSITE) 2012, [online] http://proceedings.informingscience.org/InSITE2012/InSITE12p013-025Bontempi0008.pdf [25.08.2017].

Bourdieu, Pierre (1982): Die feinen Unterschiede. Kritik der gesellschaftlichen Urteilskraft, Frankfurt am Main: Suhrkamp.

Bourdieu, Pierre/ Darbel, Alain (2006): Die Liebe zur Kunst. Europäische Kunstmuseen und ihre Besucher, Konstanz: UVK.

Bröhan-Museum (2017): Stellenausschreibung Curator of Outreach, [online] http://www.museumsbund.de/stellenangebote/curator-of-outreach-mw-2/ [23.12.2017].

Brücke-Museum (2017): Stellenausschreibung Curator of Outreach, [online] https://www.berlinischegalerie.de/fileadmin/content/downloads/Jobs/01_Logo_Outreach_Bruecke_Nov2017.pdf [23.12.2017].

Btihaj Ajana (2015): Branding, legitimation and the power of museums: The case of the Louvre Abu Dhabi, in: University of Leicester: Museum & Society, Vol 13, No 3 (2015), [online] https://journals.le.ac.uk/ojs1/index.php/mas/article/view/333/0 [17.01.2018].

Cerci, Meral/ Gerhards, Klaus (2009): Kernergebnisse. Repräsentativuntersuchung „Lebenswelten und Milieus der Menschen mit Migrationshintergrund in Deutschland und NRW" inkl. Special Kunst und Kultur, Düsseldorf: Staatskanzlei des Landes NRW, [online] http://www.interkulturpro.de/ik_pdf/Migranten_M_V14_HP.pdf [13.10.2017].

Christison, Muriel B. (1955): Le muséobus du Virginia Museum of Fine Arts. The Virginia Museum of Fine Arts's Artmobile, Richmond, Virginia, in: Museum Vol VIII, N° 2 (1955), Paris: L'organisation des Nations Unies pour l'éducation, la science et la culture. UNESCO, S. 125–133.

Copenhagen Museum (2017a): Purpose and history, [online] https://cphmuseum.kk.dk/en/artikel/purpose-and-history [14.09.2017].

Copenhagen Museum (2017b): Public Outreach and Learning, [online] https://cphmuseum.kk.dk/en/artikel/public-outreach-and-learning [14.09.2017].

Cutler, Nancy (2009): Reaching out into the Community, in: Anna Johnson/ Kimberly A. Huber/ Nancy Cutler/ Melissa Bingmann/ Tim Grove (Hrsg.), The museum educator's manual. Educators share successful techniques. Plymouth: AltaMiraPress, S. 87–94.

DCMS (2007): Culture on Demand. Ways to engage a broader audience. Department for Culture, Media and Sport: London, [online] http://www.raeng.org.uk/RAE/media/Grant-applications-and-guidelines/Culture-on-Demand-summary.pdf [02.06.2017].

DCMS (2008): Performance Indicator Guidance. Museums & Galleries, Department for Culture, Media and Sport: London, [online] http://old.culture.gov.uk/images/research/PI_Guidance_note_with_PA_amendment.pdf [10.11.2017].

DCMS (2015): Taking Part 2014/15 Quarter 4. Statistical Release. June 2015, Department for Culture, Media and Sport: London, [online] https://www.gov.uk/government/statistics/dcms-official-statistics-publications [08.09.2017].

DCMS (2016): Taking part Survey. Department for Culture, Media and Sport: London, [online] https://www.gov.uk/guidance/taking-part-survey [02.06.2016].

Deutscher Bundestag (2007): Schlussbericht der Enquete-Kommission „Kultur in Deutschland", Drucksache 16/7000, Deutscher Bundestag – 16. Wahlperiode.

Deutscher Museumsbund/ ICOM-Deutschland (Hrsg.) (2006): Standards für Museen. Deutscher Museumsbund e. V. gemeinsam mit ICOM-Deutschland: Kassel/Berlin, [online] http://www.icom-deutschland.de/client/media/8/standards_fuer_museen_2006.pdf [13.10.2017].

Deutscher Museumsbund (2016): Bulletin 2/2016 – Digitaler Wandel in Museen, [online] http://www.museumsbund.de/publikationen/bulletin-22016/ [13.10.2017].

Deutscher Museumsbund (2017): Diversität im Museum, [online] http://www.museumsbund.de/diversitaet-im-museum/ [13.10.2017].

Dpa (2015): Museen proben die digitale Revolution, [online] http://www.sueddeutsche.de/news/kultur/museen-museen-proben-die-digitale-revolution-dpa.urn-newsml-dpa-com-20090101-150511-99-01918 [13.10.2017].

Dpa (2016): BESUCHERZAHLEN RÜCKLÄUFIG. Ist Louvre-Lens gescheitert?, [online] https://www.abendblatt.de/kultur-live/kunst/article208948203/Ist-Louvre-Lens-gescheitert.html [17.01.2018].

edX (2017): Teaching Historical Inquiry with Objects, [online] https://www.edx.org/course/teaching-historical-inquiry-objects-smithsonianx-ed1-1x-1 [25.08.2017].

Eisenbeis, Manfred (1980): Museum und Publikum: Über einige Bedingungen des Museumsbesuchs – ein Bericht über eine soziologische Erhebung in der Bundesrepublik Deutschland, in: Museumskunde. Bd. 45, Besucherstrukturanalyse. Museumsbesucher. Soziologie, Berlin: Institut für Museumskunde, S. 16–26.

El Paso Museum of History (2017): Digie, [online] http://digie.org/ [14.09.2017].

Eurobarometer (2007): European Cultural Values. European Commission.

Eurobarometer (2013): Cultural Access and Participation. European Commission.

Field Museum (1997): The Field Museum connection and research, Chicago: The Field Museum, [online] https://www.fieldmuseum.org/sites/default/files/annual_report1997_0.pdf [02.06.2017].

Fleisher Zucker, Barbara (1983): A Survey of Outreach and Loan Programs Offered by Museums, in: Curator. The Museum Journal (1983). Volume 26, Issue 2, June, New Jersey: Wiley, S. 155–174.

Föhl, Patrick S./ Glogner-Pilz, Patrick (2010): Spartenübergreifende Kulturpublikumsforschung, in: Patrick Glogner-Pilz/ Patrick S. Föhl (Hrsg.), Handbuch Kulturpublikum, Wiesbaden: Springer VS, S. 175–205.

Föhl, Patrick S./ Wolfram, Gernot (2016): Transformation im Kulturbereich, in: Kulturmanagement Network (Hrsg.), Kultur und Management im Dialog: Veränderung, Nr. 114, Weimar, [online] https://www.kulturmanagement.net/frontend/media/Magazin_Upload/km1609.pdf [23.08.2017].

Future Learn (2017): Behind the Scenes at the 21st Century Museum, [online] https://www.futurelearn.com/courses/museum [23.11.2017].

Gach, Hans J. (2009): Geschichte auf Reisen: Historisches Lernen mit Museumskoffern, Schwalbach/ Ts: Wochenschau Verlag.

Gesser, Susanne/ Handschin, Martin/ Jannelli, Angela/ Lichtensteiger, Sibylle (Hrsg.) (2012): Das partizipative Museum. Zwischen Teilhabe und User Generated Content. Neue Anforderungen an kulturhistorische Ausstellungen, Bielefeld: transcript.

Gesser, Susanne/ Mucha, Franziska (Hrsg.) (2015): Frankfurt-Modell Sommertour 2015. Projektdokumentation historisches museum frankfurt, [online] https://historisches-museum-frankfurt.de/sites/default/files/sites/default/files/uploads/broschuere_sommertour_2015.pdf [21.04.2017].

Gibbs, Kirsten; Sani, Margherita; Thompson, Jane (2007): Lifelong Learning in Museums. A European Handbook, [online] http://online.ibc.regione.emilia-romagna.it/I/libri/pdf/LifelongLearninginMuseums.pdf [26.10.2017].

Glaser, Hermann (1996): Zur Demokratisierung der Museen, in: Zimmer, Annette (Hrsg.), Das Museum als Nonprofit-Organisation: Management und Marketing, Frankfurt/Main: Campus Verlag.

Gluchowski, Peter (1987): Lebensstile und Wandel der Wählerschaft in der Bundesrepublik Deutschland, in: Aus Politik und Zeitgeschichte, Heft 12 (1987), S. 18–32.

Golding, Vivian (2006): Recollection and the UK Museum. Object, Image and the World. Paper presented for the conference „Connections, Communities and Collections" in Miami Beach, Florida, USA, July 10–12, 2006.

Google Playstore (2017): museum.de, [online] https://play.google.com/store/apps/details?id=de.appsider.museum [13.10.2017].

Gorgels, Peter (2013): Make Your Own Masterpiece!; in: Museums and the Web 2013, N. Proctor & R. Cherry (Hrsg.), Silver Spring, MD: Museums and the Web. Published January 28, 2013. Consulted April 21, 2017, [online] http://mw2013.museumsandtheweb.com/paper/rijksstudio-make-your-own-masterpiece/ [21.04.2017].

Graf, Bernhard (1996): Das „sozialfreundliche" Museum? Die gesellschaftliche Öffnung/Demokratisierung des Museums „von Innen" im Lichte der Besucherforschung, in: Alfons W. Biermann (Hrsg.), Vom Elfenbeinturm zur Fußgängerzone: Drei Jahrzehnte deutsche Museumsentwicklung. Versuch einer Bilanz und Standortbestimmung, Opladen: Leske + Buderich, S. 25–52.

Greenfield, David (2013): MOOCs, museums and schools: natural partners and processes for learning. Museums and the Web 2013, [online] http://mw2013.museumsandtheweb.com/proposals/moocs-museums-and-schools-natural-partners-and-processes-for-learning/ [25.08.2017].

Gries, Christian (2013): „Tweetups" im Museum. Neue Formate der Kulturvermittlung, Vortrag und Paper anlässlich der MAI-Tagung 2013, [online] http://www.mai-tagung.lvr.de/media/mai_tagung/pdf/2013/Gries-MAI-2013.pdf [13.10.2017].

Gries, Christian (2013): Tweetups im Museum. Neue Formate der Kulturvermittlung. Vortrag auf der MAI-Tagung 2013, [online] http://docplayer.org/3754608-Tweetups-im-museum-neue-formate-der-kulturvermittlung-dr-christian-griesmuenchen-mai-tagung-2013-23-24-mai-2013-bundeskunsthalle-bonn.html [13.10.2017].

Gries, Christian (2017): Wenn Sammlungen in den Dialog mit dem Besucher treten, [online] http://blog.iliou-melathron.de/digitales-sammlungsmanagement/ [13.10.2017].

Grincheva, Natalia (2017): Sustainable Fundraising in the Twenty-First Century: Behind the Scenes of the Global Guggenheim, in: Yuha Jung/ Ann Rowson Love (Hrsg.), System Thinking in Museums. Theory and Practice, Maryland: Rowman & Littlefield Publishing Group, Inc., S. 181–190.

Grove, Tim (2009): Education online, in: The Museum Educator's Manual. Educators share succesfull techniques, Lanham, S. 109–115.

Günter, Bernd (2015): Freier Eintritt ins Museum? Eine alte, immer neue Diskussion, in: Deutscher Museumsbund e.V. (Hrsg.), Museumskunde, Band 80, Berlin, S. 89–91.

Handschuh, Gerhard (1986): Museen in Oberfranken, Bamberg: Bayrische Verlagsanstalt.

Haus der Wannsee-Konferenz (2017): Stellenausschreibung Curator of Outreach, [online] https://www.hsozkult.de/job/id/stellen-15796 [23.12.2017].

Hausmann,Andrea/ Süß, Stefan (2012): Diversity und Diversity-Management in Kulturbetrieben, in: Andrea Hausmann/ Laura Murzik (Hrsg.), Erfolgsfaktor Mitarbeiter – Wirksames Personalmanagement für Kulturbetriebe, Springer VS: Wiesbaden, S. 77–93.

Hazan, Susan (2001): The virtual Aura – Is there space for enchantment in a technological world?, in: Museums and the Web 2001, Toronto, Ontario: Archives & Museum Informatics, [online] http://www.museumsandtheweb.com/mw2001/papers/hazan/hazan.html [16.04.2017].

Heisig, Julia (2014): New Spaces for the Arts – New Arts for the Spaces. Zum Status Quo von Outreach-Programmen in Deutschland, in: Kirstin Westphal/ Ulrike Stadler-Altmann/ Susanne Schittler/ Wiebke Lohfeld (Hrsg.), Räume Kultureller Bildung, Weinheim: Beltz, S. 229–236.

Heisig, Julia/ Scharf, Ivana/ Wunderlich, Dagmar (2014). Was ist Outreach? – Definitionen, [online] www.museum-outreach.de [10.04.2017].

Heyl, Anke van (2016): Online-Kurs des Städel, Blogbeitrag vom 31. März 2016, [online] http://www.kulturtussi.de/online-kurs-des-staedel/ [25.08.2017].

Heilmeyer, Wolf-Dieter (2014): Die Museumsstandorte und das Kulturforum im Rahmen der West-Berliner Stadtentwicklung, in: Verena Pfeiffer-Kloss/ Günter Schlusche/ Gabi Dolff-Bonekämper/ Axel Klausmeier (Hrsg.), Stadtentwicklung im doppelten Berlin: Zeitgenossenschaften und Erinnerungsorte, Berlin: Ch. Links Verlag, S. 80–89.

Hiron, Sarah (2017): Interview, geführt von Dagmar Wunderlich, Berlin, 06.04.2017.

Hiron, Sarah/ Rösch, Barbara (2016): Outreach-Programme: Museen on tour, in: Beatrix Commandeur/ Hannelore Kunz-Ott/ Karin Schad (Hrsg.) (2016): Handbuch Museumspädagogik – Kulturelle Bildung in Museen, Schriftenreihe Kulturelle Bildung, vol. 51: München, S. 218–221.

Historisches Museum Frankfurt (2017): Digitale Museumspraxis im HMF, [online] https://historisches-museum-frankfurt.de/de/museumdigital [13.10.2017].

Historisches Museum Frankfurt (2017a): Stadtlaborarchiv, [online] https://historisches-museum-frankfurt.de/frankfurtjetzt/stadtlaborarchiv [21.04.2017].

Historisches Museum Frankfurt (2017b): Leitbild, [online] https://www.historisches-museum-frankfurt.de/de/ueberuns [21.04.2017].

Hochreiter, Walter (1994): Vom Musentempel zum Lernort: zur Sozialgeschichte deutscher Museen 1800–1914, Darmstadt: Wissenschaftliche Buchgesellschaft.

Hoffmann, Detlef (1996): Drei Jahrzehnte Museumsentwicklung in der Bundesrepublik Deutschland, in: Alfons W. Biermann (Hrsg.), Vom Elfenbeinturm zur Fußgängerzone: Drei Jahrzehnte deutsche Museumsentwicklung. Versuch einer Bilanz und Standortbestimmung, Opladen: Leske + Buderich, S. 13–24.

Hooper-Greenhill, Eilean (Hrsg.) (1997): Cultural Diversity. Developing Museum Audiences in Britain, London: Leicester University Press.

Hooper-Greenhill, Eilean (1994): Museums and their Visitors, London: Routledge, [online] https://www.vd.ch/fileadmin/user_upload/themes/culture/musees/ecole-musee/pdf_autres/Lifelong_Learning_in_Museum.pdf [13.10.2007].

Illinois State Museum (2011): History of the Museum / Museummobile, [online] http://www.museum.state.il.us/exhibits/museummobile/musmobile.html [15.05.2011].

Institut für Demoskopie Allensbach (1991): Eine Repräsentativumfrage über kulturelle Partizipation, den Kulturbegriff der deutschen Bevölkerung und die Bewertung der Kulturpolitik, Oktober 1991, Allensbach am Bodensee: Institut für Demoskopie Allensbach.

Institut für Demoskopie Allensbach (IfD Allensbach/Rat für kulturelle Bildung e.V. (2015): Studie: Jugend/Kunst/Erfahrung. Horizont 2015, Essen: Rat für kulturelle Bildung e.V.

Institut für Demoskopie Allensbach (IfD Allensbach/Rat für kulturelle Bildung e.V. (2017): Eltern/Kinder/Kulturelle Bildung. Horizont 2017, Essen: Rat für kulturelle Bildung e.V.

Institut für Museumsforschung (IfM) (2013): Heft 67, Statistische Gesamterhebung an den Museen der Bundesrepublik Deutschland für das Jahr 2012, Berlin, [online] http://www.smb.museum/fileadmin/website/Institute/Institut_fuer_Museumsforschung/Publikationen/Materialien/Mat67.pdf [23.08.2016].

Institut für Museumsforschung (2014): Statistische Gesamterhebung an den Museen der Bundesrepublik Deutschland für das Jahr 2013, Heft 68, Berlin, [online] http://www.smb.museum/fileadmin/website/Institute/Institut_fuer_Museumsforschung/Publikationen/Materialien/Mat68.pdf [23.08.2016].

Institut für Museumsforschung (IfM) (2016): Heft 70, Statistische Gesamterhebung an den Museen der Bundesrepublik Deutschland für das Jahr 2015, Berlin, [online] http://www.smb.museum/fileadmin/website/Institute/Institut_fuer_Museumsforschung/Publikationen/Materialien/Mat70.pdf [23.08.2016].

Institut für Museumsforschung (IfM) (2017): Heft 71, Statistische Gesamterhebung an den Museen der Bundesrepublik Deutschland für das Jahr 2015, Berlin, [online] http://www.smb.museum/fileadmin/website/Institute/Institut_fuer_Museumsforschung/Publikationen/Materialien/Mat71.pdf [16.12.2017].

Institute of Museum and Library Services (2014): Government Doubles Official Estimate: There Are 35,000 Active Museums in the U.S., [online] https://www.imls.gov/news-events/news-releases/government-doubles-official-estimate-there-are-35000-active-museums-us [13.10.2017].

Ipsos MORI (2017): Taking Part Year 12 (2016/17) Technical Report, [online] https://www.gov.uk/government/uploads/system/uploads/attachment_data/file/648172/16-006181_TP_Year_12_Technical_report.pdf [08.09.2017].

Janes, Robert R. (2016): Museums without Borders: Selected Writings of Robert R. Janes, New York: Routledge.

JMB (2008): Broschüre: on.tour – Das JMB macht Schule – Eine Bildungsinitiative des Jüdischen Museums Berlin, Jüdisches Museum Berlin: Berlin.

JMB (2008): Jahresbericht Jüdisches Museum Berlin 2007/08, Jüdisches Museum Berlin: Berlin.

JMB (2010): Presseinformation vom 8. Januar 2010. Jüdisches Museum Berlin hält Kurs, Jüdisches Museum Berlin: Berlin.

JMB (2017a): App durch X-Berg, [online] https://www.jmberlin.de/app-durch-x-brg [13.10.2017].

JMB (2017b): Refik-Veseli-Schule, [online] www.jmberlin.de/refik-veseli-schule [13.10. 2017].

Kamel, Susan (2013): Gedanken zur Langstrumpfisierung musealer Arbeit. Oder: Was sich aus der Laborausstellung «NeuZugänge» lernen lässt, in: Lorraine Bluche/ Christine Gerbich/ Susan Kamel/ Susanne Lanwerd/ Fraule Miera (Hrsg.), NeuZugänge. Museen, Sammlungen und Migration. Eine Laborausstellung, Bielefeld: transcript, S. 69–98.

Kaplan, Andreas M./ Haenlein, Michael (2010): Users of the world, unite! The challenges and opportunities of social media, in: Business Horizons, 53 (1), S. 59–68, [online] http://www.michaelhaenlein.eu/Publications/Kaplan,%20 Andreas%20-%20Users%20of%20the%20world,%20unite.pdf [13.10.2017].

Karich, Swantje (2015): Deutschlands erstes Museum für das 21. Jahrhundert, in: Die Welt vom 14.03.2015, [online] https://www.welt.de/kultur/kunst-und-architektur/article138416114/Deutschlands-erstes-Museum-fuer-das-21-Jahrhundert.html [13.10.2017].

Keuchel, Susanne (2016): Quo Vadis Kulturvermittlung? Ergebnisse des 2. Jugend-Kultur-Barometers, in: Birgit Mandel (Hrsg.), Teilhabeorientierte Kulturvermittlung. Diskurse und Konzepte für eine Neuausrichtung des öffentlich geförderten Kulturlebens, Bielefeld: transcript, 79–87.

Keuchel, Susanne (Zentrum für Kulturforschung) (2012): Das 1. InterKulturBarometer. Migration als Einflussfaktor auf Kunst und Kultur, Köln: ARCult Media.

KiSOC (2017): Kiel Science Outreach Campus, [online] http://www.kisoc.de/de/ [10.11.2017].

Kirchberg, Volker (1996): Museum visitors and non-visitors in Germany: A representative survey. Poetics, 24 (2–4), 239–258, [online] https://www.researchgate.net/profile/Volker_Kirchberg/publication/223619111_Museum_Visitors_and_Non-Visitors_in_Germany_A_Representative_Survey/links/552bff1e0cf 2e089a3ab77e7/Museum-Visitors-and-Non-Visitors-in-Germany-A-Representative-Survey.pdf?origin=publication_detail [24.09.2017].

Kirchberg, Volker (2005): Gesellschaftliche Funktionen von Museen. Makro-, meso- und mikrosoziologische Perspektiven, Wiesbaden: VS Verlag für Sozialwissenschaften.

Kirchberg, Volker/ Kuchar, Robin (2013): Zwischen simpler Kultustatistik und fundierter Grundlagenforschung. Repräsentative Studien zur Kulturnutzung im internationalen Vergleich, in: Patrick Glogner-Pilz/ Patrick S. Föhl (Hrsg.): Handbuch Kulturpublikum, Wiesbaden: Springer VS, S. 555–585.

Klein, Hans-Joachim (1990): Der gläserne Besucher. Publikumsstrukturen einer Museumslandschaft. Berliner Schriften zur Museumskunde, Band 8, Berlin: Institut für Museumskunde Berlin.

Klein, Hans-Joachim/ Bachmayer, Monika (1981): Museum und Öffentlichkeit. Fakten und Daten – Motive und Barrieren, Berlin: Gebr. Mann Verlag.

Koch, Wolfgang/ Frees, Beate (2016): Ergebnisse der ARD/ZDF-Onlinestudie 2016. Dynamische Entwicklung bei mobiler Internetnutzung sowie Audios und Videos, in: Media Perspektiven 9/2016; S. 418–437, [online] http://www.br.de/unternehmen/service/medienforschung/onlinestudie-2016-media-perspektiven-102.html [16.10.2017].

Komische Oper (2017): Selam Opera!, [online] www.komische-oper-berlin.de/entdecken/selam_opera/ [09.07.2017].

König, Sebastian (2017): Interview, geführt von Dagmar Wunderlich, Berlin, 04.04.2017.

Korff, Gottfried (2007): Museumsdinge: deponieren – exponieren, Köln, Weimar, Wien, Böhlau Verlag.

Kraybill, Anne (2015): Going the Distance: Online Learning and the Museum, Journal of Museum Education, S. 97–101, [online] http://www.tandfonline.com/doi/pdf/10.1179/1059865015Z.00000000085 [25.08.2017].

Kulturstiftung des Bundes (2017): Initiative Vermittlungsarbeit an Museen, Pressemitteilung vom 02.02.2017, [online] http://www.kulturstiftung-des-bundes.de/cms/de/presse/mitteilungen/2017_02_02_PM_Start_Initiative_Vermittlungsarbeit_an_Museen.html [23.08.2017].

Kultusministerkonferenz (2013): Empfehlungen der Kultusministerkonferenz zur kulturellen Kinder- und Jugendbildung vom, 01.02.2007 i.d.F. vom 10.10.2013) [online] http://www.kmk.org/fileadmin/Dateien/veroeffentlichungen_beschluesse/2007/2007_02_01-Empfehlung-Jugendbildung.pdf [13.10.2017].

Kuntz, Andreas (1996): Das Museum als Volksbildungsstätte. Museumskonzeptionen in der deutschen Volksbildungsbewegung 1871–1918, Münster: Waxmann, [online] https://play.google.com/books/reader?id=m1q6dUsEQ6AC&hl=de&printsec=frontcover&pg=GBS.PA43 [23.08.2017].

Kunz-Ott, Hannelore (2012/2013): Museum und Kulturelle Bildung, [online] https://www.kubi-online.de/artikel/museum-kulturelle-bildung [02.06.2017].

Leuphana (2016): Neuartiger Onlinekurs: Moderne Kunst sehen und verstehen lernen, Pressemitteilung vom 16.03.2016, [online] http://www.leuphana.de/news/meldungen-forschung/ansicht/datum/2016/03/16/neuartiger-onlinekurs-moderne-kunst-sehen-und-verstehen-lernen.html [25.08.2017].

Lill, Jens/ Schweibenz, Werner (2009): Museen und Web 2.0 im deutschsprachigen Internet. Erste Eindrücke und Überlegungen zum Mitmach-Web, Vortrag und Paper anlässlich der MAI-Tagung 2009, [online] http://www.mai-tagung.lvr.de/media/mai_tagung/pdf/2009/lillschweibenzwordmai2009.pdf [13.10.2017].

Lord, Barry/Lord, Gail Dexter (1997): The Manual of Museum Management, London: Routledge.

Lord, Barry (2007): The Manual of Museum Learning, Lanham: Altamira Press.

MAI-Tagung (2017): Beiträge, [online] http://www.mai-tagung.lvr.de/de/beitraege/beitraege.html [13.10.2017].

Mandel, Birgit (2008): Audience Development, Kulturmanagement, Kulturelle Bildung. Konzeptionen und Handlungsfelder der Kulturvermittlung, München: kopaed.

Mandel, Birgit (2009): PR für Kunst und Kultur. Handbuch für Theorie und Praxis, Bielefeld: transcript.

Mandel, Birgit (2012). Audience Development als Aufgabe von Kulturmanagementforschung, in: Sigrid Bekmeyer-Feuerhahn et al. (Hrsg.), Zukunft Publikum, Jahrbuch für Kulturmanagement 2012, Bielefeld: transcript.

Mandel, Birgit (2013): Interkulturelles Audience Development. Zukunftsstrategien für öffentlich geförderte Kultureinrichtungen (unter Mitarbeit von Melanie Redlberger), Bielefeld: transcript.

Mandel, Birgit (2014): „Niedrigschwellige" Kulturvermittlung öffentlicher Kulturinstitutionen als integrales Konzept zwischen Kunstmissionierung und Moderation kultureller Beteiligungsprozesse, [online] https://www.kubionline.de/artikel/niedrigschwellige-kulturvermittlung-oeffentlicher-kulturinstitutionen-integrales-konzept [02.06.2017].

Mandel, Birgit (2015): Entwicklungen der Kulturinstitutionen und des Kulturbetriebs in Deutschland und neue kulturpolitische Herausforderungen, in: Renate Freericks/ Dieter Brinkmann (2015): Handbuch Freizeitsoziologie, Wiesbaden: Springer VS, S. 557–569.

Mandel, Birgit (2015/16): Kulturelle Vielfalt der Einwanderungsgesellschaft als Motor für Transformation des Kulturbetriebs in Deutschland. Vom Audience Development zum Cultural Development, in: Institut für Kulturpolitik der Kulturpolitischen Gesellschaft (Hrsg.), Jahrbuch für Kulturpolitik 2015/16, Bielefeld: transcript, S. 391–397.

Mandel, Birgit (Hrsg.) (2016): Teilhabeorientierte Kulturvermittlung. Diskurse und Konzepte für eine Neuausrichtung des öffentlich geförderten Kulturlebens, Bielefeld: transcript.

MarDixon (2017): Ask a curator, [online] http://www.mardixon.com/wordpress/askacurator-who-to-ask-sept-14-2016/ [13.10.2017].

Mazzola, Lisa (2013): MOOCS and Museums: Not Such Strange Bedfellows After All, MoMA Learning blog, [online] https://www.moma.org/learn/moma_learning/blog/moocs-and-museums-not-such-strange-bedfellows-after-all [26.10.2017].

McCullum, Emily (2015): Rijksmuseum wins European Museum of the Year, embarks on digitization project, [online] http://www.iamexpat.nl/read-and-discuss/lifestyle/news/rijksmuseum-wins-european-museum-of-the-year-2015-embarks-on-digitization-project [21.04.2017].

Merriman, Nick (2004): Involving the public in museum archeology, in: Merriman, Nick (Hrsg.), Public Archeology, London: Routledge, S. 85–108.

Mitchell, Arnold (1983): The nine American lifestyles: Who we are and where we're going, New York: Macmillan.

MoMA P.S.1 (2018): Statement of Affiliation, [online] http://www.momaps1.org/about/affiliation/ [18.01.2018].

Morris Hargreaves, McIntyre (2006): Audience Knowledge Digest. Manchester, [online] http://webarchive.nationalarchives.gov.uk/20120215211331/http://research.mla.gov.uk/evidence/documents/Audience%20Knowledge%20Digest.pdf [02.06.2017].

Mörsch, Carmen (2009): Am Kreuzpunkt von vier Diskursen: Die documenta 12. Vermittlung zwischen Affirmation, Reproduktion, Dekonstruktion und Transformation, in: dies. (Hrsg.), Kunstvermittlung, Zürich/Berlin: diaphanes, S. 9–33.

Mörsch, Carmen/ Sachs, Angeli/ Sieber, Thomas (2016): Ausstellen und Vermitteln im Museum der Gegenwart, Bielefeld: transcript.

Mucha, Franziska (2016): Digitale Museumspraxis #1 – Kick-Off, [online] https://blog.historisches-museum-frankfurt.de/digitale-museumspraxis-1-kick-off/ [26.10.2017].

Museums Association (2016): Valuing Diversity, [online] https://www.museumsassociation.org/download?id=1194934 [13.10.2017].

National Archives and Records Administration et al (1964): Civil Rights Act 1964, [online] https://www.ourdocuments.gov/doc.php?flash=false&doc=97 [23.08.2017].

National Endowment for the Arts (NEA) (2009): 2008 Survey of Public Participation in the Arts, Washington: National Endowment for the Arts.

National Endowment for the Arts (NEA) (2015): A decade of arts engagement. Findings from the survey of public participation in the arts, 2002–2012, Washington: National Endowment for the Arts.

National Endowment for the Arts (NEA) (2016). Results from the Annual Arts Basic Survey (2013–2015), [online] https://www.arts.gov/artistic-fields/research-analysis/arts-data-profiles/arts-data-profile-10 [02.08.2017].

National Endowment for the Arts (NEA). Arts Participation, [online] https://www.arts.gov/artistic-fields/research-analysis/arts-quadrants/arts-participation [02.08.2017].

National Readership Survey (NRS) (2016): Social Grade, [online] http://www.nrs.co.uk/nrs-print/lifestyle-and-classification-data/social-grade/ [02.08.2017].

Naturkundemuseum Berlin (2017): Die Streifen des Zebras. Warum das Zebra Streifen hat und wie Wissenschaft funktioniert, [online] https://www.google.com/culturalinstitute/beta/exhibit/BgLSYhNpdnqgJg [24.11.2017].

New Media Consortium (2016): NMC Horizon Report: 2016 Museum Edition, Austin, Texas: The New Media Consortium, [online] http://cdn.nmc.org/media/2016-nmc-horizon-report-museum-EN.pdf [13.10.2017].

Newsom, Barbara Y./ Silver, Adele Z. (1978): The Art Museum as Educator: A collection of Studies as Guides to Practice and Policy. Berkley, Los Angeles: University of California Press.

Ostling, Susan (2007): The Global Museum and the Orbit of the Solomon R. Guggenheim Museum New York, [online] https://research-repository.griffith.edu.au/bitstream/handle/10072/19099/50064_1.pdf?sequence=2 [14.01.2018].

Oswald, Kristin (2015): 60. KM Treff: Die Digitale Erweiterung des Städel Museums, [online] https://www.kulturmanagement.net/beitraege/prm/113/v__d/ni__2990/kind__0/index.html [26.10.2017].

Oxford Living dictionary (2017): Outreach, [online] https://en.oxforddictionaries.com/definition/outreach [13.10.2017].

Parby, Jakob (2014): Interview, geführt von Dagmar Wunderlich und Ivana Scharf, Kopenhagen, 03.10.2014.

Parry, Ross/ Moseley, Alex/ Gretton, Nichola/ Tunstall, Rachel/ Mobbs, Matthew (2016): Why MOOCs matter: The consequence of massive open online courses for museums, universities, and their publics, MW2016: Museums and the Web 2016. Published February 1, 2016. Consulted July 21, 2017, [online] http://mw2016.museumsandtheweb.com/paper/why-moocs-matter-the-consequence-of-massive-open-online-courses-for-museums-universities-and-their-publics/ [13.10.2017].

Philadelphia Museum of Art (2017): Community Engagement, [online] https://www.philamuseum.org/communityengagement [02.08.2017].

Piontek, Anja (2012): Partizipation in Museum und Ausstellung, in: Susanne Gesser / Martin Handschin / Angela Jannelli / Sibylle Lichtensteiger (Hrsg.), Das partizipative Museum, Bielefeld: transcript, S. 221–230.

portail.wallonie.museum (2017): Muséobus, [online] http://www.portail.wallonie.museum/fr/museum.php?id=410 [02.08.2017].

Praske, Tanja (2016): Tweetup – was bringt es? Von der Idee zur Entwicklung, [online] https://www.tanjapraske.de/digitale-kommunikation/kulturvermittlung/tweetup-was-bringt-es-von-der-idee-zur-entwicklung/ [13.10.2017].

Projektgruppe ARD/ZDF-Multimedia (2016): Kern-Ergebnisse der ARD/ZDF-Onlinestudie 2016, [online] http://www.ard-zdf-onlinestudie.de/fileadmin/Onlinestudie_2016/Kern-Ergebnisse_ARDZDF-Onlinestudie_2016.pdf [13.10.2017].

Qubeck, Susann (1999): Museumsmarketing im Internet, Bielefeld: transcript.

Renz, Thomas (2016): Nicht-Besucher-Forschung. Die Förderung kultureller Teilhabe durch Audience Development, Bielefeld: transcript.

Reuband, Karl-Heinz (2006): Teilhabe der Bürger an der „Hochkultur". Die Nutzung kultureller Infrastruktur und ihre sozialen Determinanten, in: Alfons Labisch (Hrsg.) (2006). Jahrbuch der Heinrich-Heine-Universität Düsseldorf 2005/06. (S. 263–283), Düsseldorf: Heinrich-Heine Universität, [online] http://dup.oa.hhu.de/253/1/Reuband.pdf [10.08.2017].

Reuband, Karl-Heinz (2016a): Besucherstudien: Probleme, Perspektiven und Befunde. Eine Bestandsaufnahme für die Kulturpolitische Gesellschaft – Landeskulturbericht NRW, [online] https://www.mkw.nrw/fileadmin/Medien/Dokumente/reuband_besucherstudien_probleme_perspektiven_befunde_langfassung_netz.pdf [08.09.2017].

Reuband, Karl-Heinz (2016b): Eine Bestandsaufnahme auf der Basis repräsentativer Bevölkerungsumfragen für die Kulturpolitische Gesellschaft – Landeskulturbericht Nordrhein-Westfalen, [online] https://www.mkw.nrw/fileadmin/Medien/Dokumente/reuband_kulturelle_partizipation_verbreitung_struktur_wandel_langfassung_netz.pdf [08.09.2017].

Reussner, Eva-Maria (2009): Die Öffnung der Museen für ihr Publikum: Erfolgsfaktoren wirksamer Publikumsforschung, Berlin, [online] http://www.diss.fu-berlin.de/diss/servlets/MCRFileNodeServlet/FUDISS_derivate_000000006044/ReussnerPublikumsforschung2009.pdf [23.08.2017]

Reussner, Eva-Maria (2010): Publikumsforschung für Museen Internationale Erfolgsbeispiele, Bielefeld: transcript Verlag.

Rijksmuseum (2017): Rijksstudio, [online] https://www.rijksmuseum.nl/en/rijksstudio [13.10.2017].

Rössel, Jörg/ Hackenbroich, Rolf/ Göllnitz, Angela (2005): Soziale Differenzen und Strukturwandel des Hochkulturpublikums, in: Bernd Wagner, Institut für Kulturpolitik der kulturpolitischen Gesellschaft e.V. (Hrsg.), Jahrbuch Kulturpolitik 2005, Essen: Klartext, S. 225–234.

Rößiger, Susanne (2011): Leiterin Sammlung Deutsches Historisches Museum Dresden, Email Korrespondenz mit Ivana Scharf.

Sandell, Richard (2003): Social Inclusion, the museum and the dynamics of sectoral change, in: museum and society, Bd. 1, Nr. 1, Leicester: University of Leicester, S. 45–62, [online] https://lra.le.ac.uk/bitstream/2381/52/1/mands4.pdf [10.04.2014].

Sandell, Richard (2007): Museums, Prejudice and the Reframing of Difference, London: Routledge.

Sandell, Richard/ Dodd, Jocelyn (1999): Outreach as agent for social inclusion, in: Museums Association, Museum Practice, Issue 11, July 1999, S. 72–73, [online] http://www.museumsassociation.org/museum-practice/4435 [10.02.2014].

Scharf, Ivana (2011): Wie macht man ein Museum mobil? Die Bildungsinitiative „on.tour – Das JMB macht Schule" des Jüdischen Museums Berlin, in: Friedrich

Loock/ Oliver Scheytt (Hrsg.), Handbuch Kulturmanagement & Kulturpolitik, 22. Ergänzungslieferung, Stuttgart: RAABE.

Scharf, Ivana (2017a): Eigene Auswertung anhand des Online Analyse Tools b4p. Basis bilden die Daten der Markt-Media-Studie 2016. Zur repräsentativen Abbildung der Grundgesamtheit der deutschsprachigen Wohnbevölkerung ab 14 Jahren, die nach Hochrechnung der amtlichen Statistik im Jahr 2016 69,56 Mio. Personen umfasst, wurden für die Studie insgesamt 30.190 zufällig ausgewählte Personen mittels Selbstausfüllbogen und Face-to-Face Interview befragt, [online] http://www.b4p.media/online-auswertung/ [16.09.2017].

Scharf, Ivana (2017b): Eigene Auswertung anhand des Taking Part Online Analyse Tools auf Basis der Umfragedaten 2015/16, [online] https://www.gov.uk/guidance/taking-part-survey-data-analysis-tools [08.09.2017].

Scheer, Ursula (2016): Willkommen im digitalen Museum, in: FAZ vom 02.05.2016, [online] http://www.faz.net/aktuell/feuilleton/kunst/online-kurse-zur-kunst-willkommen-im-digitalen-museum-14206341.html [13.10.2017].

Schneider, Tina (2003): Outreach: Why, How and Who? Academic Libraries and Their Involvement in the Community, in: http://www.tandfonline.com/toc/wref20/39/82Vol. 39, Iss. 82, 2003, S. 199–213.

Schuck-Wersig, Petra/ Wersig, Gernot (1998): Berichte und Mitteilungen aus dem Institut für Museumskunde Nr. 13, Deutsche Museen im Internet. Explorative Studie und Tagungsbericht anlässlich des Workshops „Museumsbesuch im Multimedia-Zeitalter", Berlin.

Schulte, Sabine (2001): Das Deutsche Hygiene Museum in Dresden von Wilhelm Kreis. Biographie eines Museums der Weimarer Republik. Inaugural-Dissertation zur Erlangung der Doktorwürde der Philosophischen Fakultät der Rheinischen Friedrich-Wilhelms-Universität Bonn.

Schulze, Gerhard (1992): Die Erlebnisgesellschaft. Kultursoziologie der Gegenwart, Frankfurt/New York: Campus.

Serota, Nicholas (2009): The Museum of the 21st Century, London, [online] http://www.tate.org.uk/research/publications/tate-papers/19/tate-digital-strategy-2013-15-digital-as-a-dimension-of-everything [23.08.2017].

SIGMA (2017): Die SIGMA Milieus®, [online] http://www.sigma-online.com/de/SIGMA_Milieus/ [21.10.2017].

Simon, Nina (2010): The Participatory Museum, Santa Cruz: Museum 2.0.

Simons, Stefan (2012): Museumsbau in Lens. Ein Louvre für die Hinterwäldler, [online] http://www.spiegel.de/kultur/gesellschaft/louvre-lens-museumsneubau-a-866719.html [17.01.2018].

Sliwka, Anne (2012): Soziale Ungleichheit – Diversity – Inklusion, in: Hildegard Bockhorst/ Vanessa-Isabelle Reinwand / Wolfgang Zacharias (Hrsg.), Handbuch Kulturelle Bildung, München: kopaed, S. 269–273.

Spalding, Julian (2010): Perspektives: Behind the Open Museum, in: Glasgow Museums (Hrsg.), Out There – The Open Museum: Pushing the boundaries of museums' potential, Glasgow, S. 120–122.

Städel Museum (2017a): Digitale Strategie des Städel Museums, [online] http://www.staedelmuseum.de/de/digitale-strategie [25.08.2017].

Städel Museum (2017b): Digitale Sammlung, [online] https://sammlung.staedelmuseum.de/de [25.08.2017].

Städel Museum (2017c): Kursbeschreibung Kunstgeschichte Online, [online] http://onlinekurs.staedelmuseum.de/#kursbeschreibung [25.08.2017].

Städel Museum (2017d): Kurs Kunstgeschichte Online, [online] http://onlinekurs.staedelmuseum.de/ [25.08.2017].

Statista (2018): Annual evolution of the number of visitors to the Guggenheim Museum Bilbao (Spain) from 2010 to 2017, [online] https://www.statista.com/statistics/781335/annual-number-of-visitors-in-the-museum-guggenheim-in-bilbao/ [14.01.2018].

Statistisches Bundesamt und Wissenschaftszentrum Berlin für Sozialforschung (WZB) (Hrsg.) (2016): Bundeszentrale für politische Bildung in Zusammenarbeit mit dem Sozio-oekonomischen Panel (SOEP) am Deutschen Institut für Wirtschaftsforschung (DIW): Datenreport 2016. Ein Sozialbericht für die Bundesrepublik Deutschland, [online] https://www.destatis.de/DE/Publikationen/Datenreport/Downloads/Datenreport2016.pdf?__blob=publicationFile [25.08.2017].

Stein, Petra (2006): Lebensstile im Kontext von Mobilitätsprozessen, Wiesbaden: VS Verlag für Sozialwissenschaften.

Sternfeld, Nora (2012): Plädoyer. Um die Spielregeln spielen! Partizipation im post-repräsentativen Museum, in: Susanne Gesser/ Martin Handschin/ Angela Jannelli/ Sibylle Lichtensteiger (Hrsg.), Das partizipative Museum, Bielefeld: transcript, S. 119–126.

Steuerwald, Christian (Hrsg.) (2017): Klassiker der Kunstsoziologie. Prominente und wegweisende Ansätze, Wiesbaden: Springer Fachmedien Wiesbaden GmbH.

Stiftung Berliner Mauer (2017): Stellenausschreibung Wissenschaftliche*r Mitarbeiter*in, [online] http://www.stiftung-berliner-mauer.de/de/stellen-28.html [23.12.2017].

Stiftung Preußischer Kulturbesitz (2016): Stellenanzeige vom 09.12.2016; Kennziffer SMB-GD-32-2016, [online] http://www.preussischer-kulturbesitz.de/stellenanzeige/news/2016/12/09/wissenschaftliche-n-mitarbeiter-in-4.html [15.12.2016]; Nicht mehr online verfügbar. Zitiert nach: http://gesinesjobtipps.de/generaldirektion-der-staatlichen-museen-zu-berlin-wiss-mitarbeiterin-abteilung-bildungkommunikation-30-12/ [23.08.2017].

Talboys, Graeme K. (2005): Museum Educator's Handbook. Second Edition, Burlington: Ashgate Publishing Company.

Tate (2017a): Introducing Tate Learning, [online] http://www.tate.org.uk/download/file/fid/51361 [23.08.2017].

Tate (2017b): Tate Digital Strategy 2013–15: Digital as a Dimension of Everything [online] http://www.tate.org.uk/research/publications/tate-papers/19/tate-digital-strategy-2013-15-digital-as-a-dimension-of-everything [23.08.2017].

Tate (2017c): Archives and Access Learning Outreach Programme, [online] http://www.tate.org.uk/about/projects/archives-access-learning-outreach-programme [13.10.2017].

Terlutter, Ralf (2000): Lebensstilorientiertes Kulturmarketing. Besucherorientierung bei Ausstellungen und Museen, Wiesbaden: Deutscher Universitäts-Verlag GmbH.

Torreggiani, Anne (2016): 40 Years of Audience Focus. The evolution of Audience Development practice in the UK and the impact of arts policy, in: Birgit Mandel (Hrsg.), Teilhabeorientierte Kulturvermittlung. Diskurse und Konzepte für eine Neuausrichtung des öffentlich geförderten Kulturlebens, Bielefeld: transcript, S. 116–122.

Travelbook (2017): Die beliebtesten Museen in Deutschland und Europa, [online] http://www.travelbook.de/deutschland/travellers-choice-award-die-beliebtesten-museen-in-deutschland-und-europa-803780.html [11.03.17].

Treeck, Timo van/ Himpsl-Gutermann, Klaus/ Robes, Jochen (2013): Offene und partizipative Lernkonzepte. E-Portfolios, MOOCs und Flipped Classrooms, in: Martin Ebner/ Sandra Schön (Hrsg.): L3T. Lehrbuch für Lernen und Lehren mit Technologien, [online] http://l3t.eu/homepage/ [25.08.2016].

TripAdvisor (2016): Die 16 besten Museen der Welt, 16.09.2016, [online] https://www.travelbook.de/orte/ranking-die-besten-und-beliebtesten-museen-der-welt-und-in-deutschland [11.03.2017].

TripAdvisor (2017): Über TripAdvisor [online] https://www.tripadvisor.de/PressCenter-c6-About_Us.html [11.03.17].

Victoria & Albert Museum (2011): Strategy for access, inclusion and diversity, [online] www.vam.ac.uk/files/file_upload/17805_file.doc [11.03.17].

University of Georgia (2017): Journal of Higher Education Outreach and Engagement (JHEOE), [online] http://openjournals.libs.uga.edu/index.php/jheoe/about/editorialPolicies#custom-0 [10.11.2017].

Visser, Jasper (2017): The Museum of the Future. Selected blogposts about museums in times of social and technological change, [online] http://themuseumofthefuture.com/2012/04/09/engagement-and-outreach/ [21.04.2017].

VMFA Artmobile Exhibition History (1953–1994), [online] https://vmfa.museum/library/wp-content/uploads/sites/16/2016/12/Artmobile-Exhibition-History.pdf [18.05.2017].

Vogelsang, Axel/ Kummler, Barbara/ Minder, Bettina (2016): Der digital erweiterte Erzählraum. Ein Leitfaden zum Einstieg ins Erzählen und Entwickeln von Online-Offline-Projekten im Museum. Luzern, [online] https://www.dropbox.com/s/2jc0w0sp0occyng/161208_social_media_fuer_museen_II.pdf?dl=0 [13.10.2017].

Vogelsang, Axel (2012): The Revolution will be televised, in: Susanne Gesser/ Martin Handschin/ Angela Janella/ Sibylle Lichtenstein (Hrsg.), Das partizipative Museum. Zwischen Teilhabe und User Generated Content. Neue Anforderungen an kulturhistorische Ausstellungen, Bielefeld: transcript, S. 205–206.

Waidacher, Friedrich (1999): Handbuch der Allgemeinen Museologie. Wien: Böhlau.

Walker-Kuhne, Donna (2005): Invitation to the party. Building bridges to the Arts, Culture and Community, New York: Theatre Communications Group.

Walz, Markus (2016): Von der deutschen Vereinigung zur Boomkrise der Gegenwart, in: Walz, Markus (Hrsg.), Handbuch Museum. Geschichte –Aufgaben – Perspektiven, Stuttgart: Metzler Verlag GmbH, S. 69–77.

We are Museums (2015): A few questions to Martijn Pronk from the Rijksmuseum, [online] http://www.wearemuseums.com/a-few-questions-to-martijn-pronk-from-the-rijksmuseum/ [21.04.2017].

Wegner, Nora (2010): Museumsbesucher im Fokus. Befunde und Perspektiven zu Besucherforschung und Evaluation in Museen, in: Patrick Glogner-Pilz/ Patrick S. Föhl (Hrsg.), Handbuch Kulturpublikum, Wiesbaden: Springer VS, S. 255–283.

Weschenfelder, Klaus/ Zacharias, Wolfgang (1981/1992): Handbuch Museumspädagogik. Orientierungen und Methoden für die Praxis (1. Auflage/3. Auflage), Düsseldorf: Schwann.

Wohnhas, Lilian (2008): Evaluation von on.tour – Das JMB macht Schule. Im Rahmen einer bisher unveröffentlichten Diplomarbeit wurden in einer Evaluation die Vermittlungsziele auf ihre Wirksamkeit und Nachhaltigkeit überprüft.

Wunderlich, Dagmar (2011): Wem gehören die Museen? „Public Engagement" – Ein Blick nach Schottland, in: Bundesverband Museumspädagogik e.V. (Hrsg.), standbein spielbein. Museumspädagogik aktuell, Heft 91, S. 36–38.

Wyma, Chloe (2014): 1% Museum: The Guggenheim Goes Global, [online] https://www.dissentmagazine.org/article/1-museum-the-guggenheim-goes-global [14.01.2018].

Zentrum für Audience Development (2007): Besucherforschung in öffentlichen deutschen Kulturbetrieben. Eine Untersuchung des Zentrums für Audince Development (ZAD) am Institut für Kultur- und Medienmanagement der Freien Universität Berlin, [online] http://www.geisteswissenschaften.fu-berlin.de/v/zad/media/Besucherforschung_ZAD.pdf [21.08.2017].

Zitzmann, Marc (2017): Kunst, Geld, Einfluss: Absolutismus in der Wüste, [online] http://www.faz.net/aktuell/feuilleton/kunst/der-louvre-abu-dhabi-und-der-westen-15332500-p2.html [17.01.2018].

Abbildungsverzeichnis

Tabellenverzeichnis